탈진실의 시대, 역사부정을 묻는다

탈진실의 시대, 역사부정을 묻는다

: '반일 종족주의' 현상 비판

강성현 지음

푸른역사

추천사

지식인이란 무엇인가? 다소 진부하지만, 지식인을 잠수함의 토끼, 광산의 카나리아, 또는 북극성을 가리키는 나침반에 비유하곤 한다. 토끼와 카나리아는 시대의 징후와 고통에 예민하게 반응하는 지식인의 속성을, 나침반이란 현실의 혼돈 속에서 신뢰할 만한 지표로서의 책임을 의미한다. 오늘날 그러한 공적 지식인을 찾기 어렵다고 말한다. 탈진실의 시대란 누구도 신뢰할 수 없는 시대이기 때문이다. 이제 지식인은 모든 일에 해답이나 해결책을 가지고 있는 존재가 아니며 심지어 혼란을 부추기는 존재로 보이기까지 한다. 대중을 선동하고 음모론을 부추기는 탈진실의 세력은 단지 거짓을 말하는 자들이 아니라 그 이상의 존재들이다. 그들은 편향적인 자료 선별과 의도된 오독, 생략과 왜곡 그리고 진실의 부정을 통해 진실 그 자체를 새로 만들려고 하는 자들이기 때문이다.

　강성현은 역사사회학자로서 그동안 냉전적 반공 이데올로기, 맹목적인 애국심과 국가주의, 여성과 소수자 혐오에 맞서왔다.

그는 국가와 자본, 더 나아가 미국과 일본이라는 거대 권력으로부터 침묵과 굴종을 강요당한 사람들의 증언을 찾아 기록하고, 은폐되어 온 숨겨진 진실들을 발굴하며 현장에서의 실천에 앞장섰다. 그러나 강성현은 이 책《탈진실의 시대, 역사부정을 묻는다》에서 탈진실의 시대, 역사를 부정하는 수구지식인의 지적 농단에 대해 감정적 분노를 터뜨리거나 손쉽게 단죄하는 쉬운 길을 선택하지 않는다. 부정하는 자들과 똑같은 방식의 부정은 결코 극복이 아니기 때문이다. 그는 이 책에서 지금까지 좌와 우, 진보와 보수, 식민과 탈식민, 모던과 포스트모던 사이에서 주어졌던 모든 해답을 새롭게 재검토한다. 탈진실의 시대엔 과연 어떤 사람을 지식인이라 불러야 할까? 나는 '해답을 질문으로 바꾸는 사람'이라고 생각한다. 강성현은 이 책에서 우리 시대가 경청해야만 하는 질문을 만들어내었다. 이제 당신이 답할 차례다.

—전성원(계간 황해문화 편집장)

일러두기

1. 이 책은 국내외 학술회의와 학술저널, 잡지에서 발표한 글들을 수정·보완한 원고에다가 새로 집필한 원고를 더해 구성한 것이다. 수정·보완한 글의 원 출처는 각주에서 표기한다.
2. 이 책에 사용된 사진·문서·지도는 서울대 정진성 교수 연구팀이 서울대 인권센터와 서울 시가 지원한 자료 조사 사업으로 수집되거나 작성된 것이다. 이 자료들의 출처는 원자료 소장기관(미국 국립문서기록관기청NARA 등)의 관리 구조로 표기하지 않고, 정진성 연구 팀이 공식 발간한 자료집과 책의 해당 쪽을 각주로 표기한다.
3. 인명과 지명은 원어 발음에 가깝게 표기한다.
4. 《반일 종족주의》에 서술된 글의 인용은 각주로 표기하지 않고 본문에 해당 쪽을 바로 표 기한다.

이 저서는 2018년 대한민국 교육부와 한국연구재단의 지원을 받아 수행된 연구임(NRF-2018S1A6A3A01080743).

머리말

1.
"우리, 상식적으로 생각해보자."

　서로 다툼이 있을 때, 한번쯤 하는 말입니다. 상식常識은 사람들이 보통 알고 있는 것을 뜻합니다. '커먼센스common sense'라는 영어 표현으로 보면 '공통의 감각'을 의미합니다. 이런 의미에서 보면, 저 표현은 다툼의 당사자 입장과 의견의 차이는 있더라도, 사실에 대한 공통의 감각에 기반해 서로 접근할 수 있다는 믿음이 전제되어 있지 않나 생각합니다. 그런데 이 말이 요즘 심각하게 흔들리고 있습니다. "상식적으로 생각해보자"고 말하면, 십중팔구 "너야말로"라는 대답과 함께 서로 "내가 팩트(를 말하고 있다)"라며 대거리를 하는 사태로 돌입합니다.

사회학자이자 미국 민주당 상원의원이었던 고 대니얼 패트릭 모이니핸Daniel Patrick Moynihan의 명언이 떠오릅니다. "모든 사람은 자신만의 의견opinion을 가질 권리가 있는 것이지, 자신만의 사실facts을 가질 권리가 있는 것은 아니다." 양 극단으로 분열된 진영에서 서로 '자신이 진실, 상대가 가짜'라고 적대적으로 공방하고 혐오하는 현 상황에 참 시사적인 말이 아닐 수 없습니다.

　뉴미디어의 기술로 열린 새로운 넷 공론장들에서도 유사한 사태들이 속출하고 있습니다. 트위터, 페이스북, 유튜브 등 소셜미디어는 비슷한 생각, 취향, 태도 등을 공유하는 이용자들을 연결하고 '뉴스피드' 등을 제공하고 있습니다. 그렇게 같은 의견을 가진 사람들은 자기 진영을 이루고 자신들이 확증한 '팩트'를 진실이라고 주장합니다. 단지 사실에 대한 공통의 감각과 소통이 부재해서 각자 자신들의 주장만 개진하는 것으로 끝나면 뭐가 문제인가, 라고 누군가 반문할 수도 있겠지요. 그러나 그 주장의 말들은 말로 그치지 않고 상대 진영에 대한 증오와 혐오 발화로 칼이 되어 날아가기 때문에 문제라고 생각합니다.

2.

2019년 12월 22일 자유한국당은 국회에서 '문재인 정부 좌편향 역사교과서 긴급진단' 토론회(정책간담회)를 갖고 '교과서 우파'의 면모를 한껏 드러냈습니다. 그들이 "좌편향"되었다고 공격한 역사교과서는 2020년 3월부터 시행되는 고등학교 역사교과서(8종)입니다. 박근혜 정부의 국정 역사교과서 폐지 이후 새로 발간되는 검인정 교과서입니다.

황교안 대표, 심재철 원내대표 등이 쏟아낸 말은 과거 그 정당 지도부가 했던 것과 크게 다른 건 아닙니다. "대한민국의 정통성을 부정하고 좌편향된 왜곡된 역사관을 우리 아이들에게 가르치게 할 수 없다"는 황교안 대표의 발언은 2015년 국정교과서 추진 때도 나왔습니다. 예컨대 당시 새누리당 김무성 대표는 "진보 좌파세력이 준동하면서 미래를 책임질 학생들에게 부정적 역사관을 심어주고 있다"고 주장하며 국정화의 불을 당겼습니다. 《반일종족주의》를 읽고 무장한 전사가 되어 문재인 정부의 폭정을 막겠다는 발언으로 물의를 빚은 심재철 원내대표의 말도 비슷합니다. 그는 "종북 교과서, 여당의 홍보책자"에 불과한 "이런 이념적이고 편향적인 교과서"를 선거법 개정을 통한 선거연령 18세 하향 문제와 한데 묶어서 "고등학교는 완전히 정치판, 난장판이 될 것"이라고 목청을 높이고 있습니다.

참 복잡한 심경이 듭니다. 저들의 입에서 '역사 왜곡', '반反역사', '반反교육' 같은 용어들이 튀어나옵니다. 국정교과서를 반대했던 교수·연구자·교사·학생·학부모가 과거 박근혜 청와대 및 정부와 새누리당에게 외쳤던 말입니다. 게다가 과거 '뉴라이트 교과서'를 만들었던 강규형(명지대 교수), 김광동(나라정책연구원 원장), 김병헌(국사교과서연구소 소장)이 토론회 자리에서 새 역사교과서의 이념과 편향을 힐난하고, 기본 사실에 입각한 서술과 증거 제시를 강조하기도 했습니다. 예컨대 새 역사교과서 8종 모두 일본군 '위안부' 문제를 중요하게 다루었습니다. 이에 대해 김병헌은 모든 교과서가 군 '위안부'의 강제 동원 문제를 서술하면서도 그 증거를 제시하지 않았다는 식으로 비판합니다. 또한 교과서들이 "강제 징용" 문제에 대해서도 관 알선 모집과 이후 징용을 구분하지 않고 일제의 강압적 부분만 부각시키고 있다는 비판을 합니다. 마치 '왜 자꾸 강제 동원을 말해? 증거 있어?' 하듯, 일본 극우파 역사부정론자가 말하는 것 같습니다.

3.
류석춘 연세대 교수 이야기를 꺼내지 않을 수 없습니다. 2019년 9월 류석춘 교수는 강의 중 "위안부는 매춘 …… 궁금하면 한번 해볼래요?'란 망언을 해 큰 물의를 빚었습니다. 2005년 한승조 고려대 명예교수 망언("일본의 한국에 대한 식민지배는 오히려 천만다행") 이래 망언의 계보에 한 자리 차지할 만한 발언이었습니다. 이 사태가 없었다면, 그래서 자유한국당을 탈당하지 않았더라면, 류석춘 교수는 앞서 언급한 '문재인 정부 좌편향 역사교과서 긴급진단회'에서 종횡무진 활약을 하지 않았을까요?

　저는 류석춘 망언과 관련한 인터뷰에 응하기 위해 그의 강의 녹

탈진실의 시대,
역사부정을
묻는다

취문을 꼼꼼하게 읽은 적 있습니다. 일본군 '위안부' 관련 대목만 문제가 있던 게 아니었습니다. 일제 식민지배의 강제 수탈을 삼성의 베트남 투자와 동일선상에서 비교하고, 식민지배를 감사하게 여기는 발언들이 곳곳에 있었습니다. 역사부정론자들이 흔히 써먹는 자료 왜곡, 잘못된 사례 선별, 비교 오류, 논리 비약 등이 산재했습니다. 과연 그가 사회학자가 맞나 하는 생각이 들 정도였습니다. 그는 문재인 정부, '586'세대, 일본군 '위안부' 지원단체인 정대협(한국정신대문제대책협의회) 등을 친중·종북으로 때리고 혐오 발언을 늘어놓았습니다. 중국·북한보다 미국·일본과 친한 게 낫다는 궤변으로 스스로 친일파를 자처했습니다.

이런 맥락에서 그의 일본군 '위안부' 관련 망언을 이해해야 합니다. 류석춘에게 '위안부'는 일제 때는 자발적인 매춘부였고 지금은 "종북단체" 정대협에 의해 조종당해 피해자인 척하는 할머니들입니다. 그는 "현실을 깨닫고 사실을 파악한 다음에, 최소한 사실에 입각한 역사를 보자"고 주장합니다. "이영훈은 그거 다 뒤졌"고, 따라서 이영훈 교수의 《반일 종족주의》를 읽으면 그걸 다 알 수 있게 된다고 류석춘은 진심으로 믿고 있습니다.

그러나 학생들은 류석춘의 진심을 몰라주고 반론성 질문을 연이어 던졌습니다. 그게 류석춘 교수를 매우 언짢게 했나 봅니다. 그의 답변이 거칠어졌고 학생들에게 자신의 생각을 반복적으로 강요합니다. 마지막에 난데없이 욕설도 섞어가며 학생들에게 그렇게 정의롭다면 "수요집회" 하듯, (조국 반대) 집회에 나가라고 빈정댑니다. 그러니까 류석춘 교수가 학생에게 "매춘 들어가는 과정이 딱 그렇다. '여기 와서 일하면 절대 몸 파는 게 아니다', '매너 좋은 손님한테 술만 팔면 된다'고 해서 하다 보면 그렇게 된다. 옛날에만 그런 게 아니다. 궁금하면 (학생이) 한번 해볼래요?"라고 말한 건 돌출 발언이 아니라 생각합니다. 질문한 학생뿐 아니라 강의를 듣고 있던 학생들에게 성적 수치심을 주는 발언이었고, 여러 혐오 발언 중 하나였던 겁니다.

이에 대해 류석춘 교수는 입장문을 내며 사과를 거부했습니다. 자신의 발언은 학생들이 현실을 정확히 이해할 필요가 있어서 "궁금하면 (학생이 조사를) 해볼래요?"였다면서, "요즘 화제가 되고 있는 이영훈 교수 등이 출판한 《반일 종족주의》 내용을 학생들이 심도 있게 공부해서 역사적 사실관계를 분명히 파악할 필요가 있다는 취지의 발언"이라고 해명했습니다.

류석춘 교수가 이렇듯 《반일 종족주의》에 충실하니, 이영훈도 그를 옹호하지 않을 수 없었을 겁니다. 이영훈은 곧바로 유튜브 채널 '이승만TV'에서 류석춘의 발언을 옹호하고 나섰습니다. 이영훈은 류석춘과의 친분을 강조하며, '위안부'는 매춘부라는 주장을 재차 확인하고, 학생에게 했던 말도 성희롱이 아니라고 보호막을 쳤습니다. 이영훈은 "공공연하게 행한 발언에 그와 같은 요소가 설령 있었다 하더라도 그것을 성희롱이라고 단정할 수 있겠습니까"라고 주장하면서 학생이 교수의 강의를 녹음해 외부에 알린 것은 광기에 사로잡힌 홍위병 같은 짓이라고 물타기를 시도합니다. 그러면서 녹음한 학생의 영혼은 파괴되었고 인생의 패배자로 전락했다는 저주를 내립니다. 충격적인 망언의 연속이었지만, 이미 망언 제조기 반열에 오른 사람이라 새롭지 않았는지, 그도 아니면 10월 3일 광화문에서 봇물처럼 터져 나온 망언의 홍수에 파묻힌 것인지 잊혀갔습니다. "왜 나만 갖고 그래"라는 누군가의 말처럼, 류석춘 교수가 억울해 할까요?

4.
《반일 종족주의》를 읽었을 때 받았던 충격과 분노가 여전히 생생합니다. 한국과 일본에서 '반일 종족주의 현상'을 만들어가며 각종 기록들을 갈아치우는 걸 보고 느꼈던 당혹감이 여전합니다. 학계가 왜 초반부터 《반일 종족주의》의 거짓 주장의 위치와 빈곤함을 드러내는 방향으로 힘껏 논쟁을 벌이지 못했을까 하는 안타까움이 여전히 강합니다.

　　그런 마음에 앞뒤 안 가리고 페이스북에 《반일 종족주의》을 비판하는 글을 쓰기 시작했습니다. 급박한 상황이라 보고, 학술회의, 강연, 저널, 인터뷰 등 저를 불러주는 곳이라면 어디든 마다 않고 갔습니다. 그렇게 《반일 종족주의》 내용에 대한 구체적 비판을 포함해, 이 책이 놓인 배경과 맥락으로서 '반일 종족주의 현상'

을 분석하고 탈진실 시대 역사부정과 혐오라는 '백래시backlash'에 반격하려 애썼습니다. 그 가능성을 더 풍부히 모색하기 위해 그 책의 비판에 그치지 않고 어떻게 하면 이영훈이 절취하고 왜곡한 문서 자료와 일본군 '위안부'의 목소리를 복원하고 돌려줄 수 있을까 모색했습니다. 현재 '우리'가 왜, 어떻게 일본군 '위안부' 문제를 대면하고 응답할 수 있을지에 대해 고투하며 쓴 책이 바로 《탈진실의 시대, 역사부정을 묻는다— '반일 종족주의' 현상 비판》입니다.

책을 쓰면서 지난 5년 넘도록 미국·영국 등 국외 자료기관에서 일본군 '위안부' 관계 연합군 자료를 조사했던 세세한 기억들을 마주할 수 있었습니다. 제 스승인 정진성 교수, 선·후배 연구자들과 일본군 '위안부' 연구팀을 만들고 서울시의 지원을 받아 성과를 냈던 것이 책 집필에 큰 도움이 되었습니다. 이 책에서 분석한 연합군 및 일본 공문서 자료, 사진 및 영상 자료는 그 성과에 힘입은 것입니다. 그런 의미에서 제 책은 정진성 교수 연구팀과 함께 만들었던 《일본군 '위안부' 관계 미국 자료 I, II, III》(선인, 2018) 세 권과 《일본군 '위안부' 관계 연합군 자료 I, II》(서울시, 2019) 두 권, 《끌려가다, 버려지다, 우리 앞에 서다 I, II》(푸른역사, 2018) 두 권, 그리고 《기록 기억: 일본군 '위안부' 이야기, 다 듣지 못한 말들》 전시회 도록 한 권을 이어가는 책이라고 생각하고 있습니다. 개인적으로는 내외의 여러 압박으로 힘들었지만 5년여 일본군 '위안부' 연구 여정을 일단 마감한 마침표 같은 책이 아닐까 싶습니다.

　감사의 마음을 전하고 싶은데, 막상 쓰려니 제게 큰 도움을 주신 분들이 너무 많이 떠올라 고민됩니다. 이 책이 온전히 저 스스로의 힘만으로 쓴 것이 아님을 다시 한번 절감하게 됩니다. 가장 먼저 정진성 교수 연구팀과 함께 일본군 '위안부' 연구회에서 연구뿐 아니라 '고락'을 함께해온 선생님들께 감사의 말씀을 전합니다. 이 책의 글 일부도 연구회가 (공동)주최한 자리에서 발표한 것으로 제 생각의 폭을 넓히고 깊이를 더하는 실질적인 조언들을 받을 수 있었습니다. 민족문제연구소, 국사편찬위원회, 한국사회사학회, 전국역사교사모임 등 국내 기관·학계의 선생님들과 동학들의 여러 관심과 배려도 제게 큰 힘이 되었습니다. 일본에서 일본군 '위안부' 문제에 천착해온 선생님들의 얼굴도 떠오릅니다. 일본에서 악전고투하며 연구하고 운동을 실천하는 만큼 선생님들의 파이팅이 강렬해서 '기를 받는다'는 느낌이 들 때가 많았습니다. 특히 재일조선인 선생님들 한 분 한 분 떠올려봅니다. 운 좋게도 일본군 '위안부' 문제의 '주전장主戰場'인 미국에서 발표와 강연 및 교류의 기회를 여러 차례 가질 수 있었습니다. 시카고대학과 캘리포니아주립대학 어바인에서 교류하면서 아낌없는 도움과 격려를 준 선생님들께도 감사의 뜻을 전합니다. 선생님들의 존함을 일일이 쓰지 못했지만, 제 마음에 깊이 새겼습니다.

다만, 세 분에게는 실명으로 꼭 감사의 말씀 전하려 합니다. 이 책이 미처 자세히 다루지 못한 점을 페미니즘과 재일조선인의 시각으로 보론을 써준 조경희 성공회대 교수, 책 원고를 미리 읽어서 다방면으로 토론 상대가 되어주고 역사부정론에 심신이 피폐해진 저를 위로해주면서 추천의 글까지 써준 이나영 중앙대 교수와 전성원 황해문화 편집장에게 특별히 감사의 마음 전합니다.

일본군 '위안부' 지원단체 활동가들의 운동에 대한 진정성과 숱한 노고들에 대해서도 고맙다는 말씀 전합니다. 단체 선생님들과 함께하면서 '지원'이라는 말이 일방적인 것이 아니라 상호적이고 서로 성장하도록 이끌고 밀어주는 것임을 절감했습니다. 활동가들은 할머니들을 '피해'의 껍질에서 빠져나와 운동의 주체로 성장하도록 견인했습니다. 그렇게 인권활동가·평화활동가로 성장한 할머니들의 자극과 격려로 단체의 활동(가)도 새로운 차원으로 성장하고 있습니다. 그 언저리에 서서 지켜보는 제게도 강렬한 자극으로 다가왔습니다.

그리고 김복동 할머니. 그 이름을 가만히 불러봅니다. 장례식장에서 울음을 쏟아내고 난 다음에야 할머니의 영면을 간절히 비는 글을 간신히 한 지면에 쓸 수 있었습니다. 김복동 선생님의 삶과 역사에서 남은 '우리'들이 붙들고 되새겨야할 것들에 대해 정리할 수 있었습니다. 이 책에서도 문옥주, 배봉기 할머니의 삶과 일상을 김복동 할머니와 마주 대하면서 느낀 감각으로 떠올려볼 수 있었습니다.

　"이렇게 오래 걸릴 줄 알았다면 말하지 말 걸……." 나지막이 혼잣말을 했던 김복동 할머니의 슬픈 모습이 이상하게 잘 잊히지 않는 한 장면으로 남아 있습니다. 그때의 기억을 떠올리며 일본군 '위안부' 문제의 해결을 위해 진실을 길어 올리는 시작만큼은 제대로 할머니들과 함께하겠다고 다짐하곤 합니다. 그 진실은 결코 일본 정부의 사죄, 법적 책임, 배상에 국한되는 게 아닙니다. 그 진실이 '우리'의 안과 밖을 비출 거울이 될 것입니다. 이 책이 그 거울의 작은 조각이 되길 바랍니다. 이 책이 탈진실 시대의 역사 부정을 대면해 넘어서고, '우리' 시민과 아이들이 '고통의 연대'를 바탕으로 한 (김복동의) '희망'을 떠올릴 수 있는 책이 되었으면 합니다.

2020년 2월 2일
강성현

차례:
탈진실의 시대,
역사부정을
묻는다

3부

자료와 증언,
왜곡하거나
찬탈하지 않고
맥락을 보다

탈진실과
역사부정,
그리고 《반일 종족주의》

거짓, 가짜 그리고 탈진실

거짓의 대가는 무엇일까요? 거짓을 진실로 착각하는 게 문제가 아닙니다. 진짜로 위험한 건 거짓을 계속 듣다보면 진실을 보는 눈을 완전히 잃는다는 것입니다. 진실에 대한 일말의 희망마저 버리고 지어낸 이야기에 만족하는 수밖에 없는 것입니다.

미국 HBO 드라마 〈체르노빌〉의 첫 장면, 녹음기에서 흘러나오는 말이다.

진실에 대한 공격이 벌어지고 가짜가 판친다. '진실의 쇠퇴', '거짓의 시대'라는 진단이 세계 곳곳에서 내려지고 있다. 2016년의 단어로 선정되었던 영어 '탈진실post-truth', 독일어 '탈사실postfaktisch' 현상이 세계를 휩쓸고 있다. 이 용어는 사전적으로 "사실의 진위(참과 거짓)와 상관없이 신념이나 감정이 여론 형성을 주도하는 현상"으로 정의된다.

가짜 뉴스, 가짜 과학, 가짜 역사……. 여기에 '봇bot(인터넷에서 자동화된 작업을 실행하는 응용소프트웨어)'이 만들어내는 소셜미디어의 '가짜 팔로어'와 '가짜 좋아요'까지.[1] '가짜'가 붙은 숱한 용어 목록이 나날이 갱신되고 있다. 한국에서도 2016년 말부터 '최순실 게이트'와 박근혜 대통령의 탄핵에 이르는 과정에서 가짜와 거짓이 판치는 사태가 절정에 달했다. 대통령, 청와대 고위 인사, 장관, 재벌총수, 대학총장, 교수, 의사 등 사회지도층의 파렴치한 거짓말 퍼레이드가 계속되었다. 바로 그즈음 미국에서는 트럼프 대통령이 대선 전후에 거침없는 거짓말들을 엄청나게 쏟아냈다. 미국 《워싱턴포스트》지가 "트럼프가 취임한 이래 928일 동안 12,019회에 걸쳐 거짓말을 했다"고 보도했을 정도다. 바야흐로 탈진실의 시대로 접어든 것처럼 보인다. 이는 한국과 미국에 국한된 현상이 아니다. 온 세계가 사실과 진실이 폄하되고 거짓과 사이비가 활개치는 탈진실의 세상에 직면해 있다.

김누리 중앙대 교수는 이러한 탈진실 현상이 거대한 사상적·사회문화적·기술적 변화와 관련 있다고 진단한다. "포스트모더니즘의 가치 상대주의와 다원주의는 모더니즘의 토대였던 '진리'를 해체했고, 개인의 개체화와 익명화는 거짓에 대한 민감성을 둔감시켰으며, 인터넷과 뉴미디어가 열어 놓은 새로운 매체 환경은 같은 의견을 가진 사람들이 모여 자신들만의 '대안적 사실alternative fact'을 믿는 '분할된 마이크로 공론장'을 만들어냈다"는 것이다.[2]

탈진실의 시대,
역사부정을
묻는다

1998년 퓰리처상을 수상했던 문학비평가 미치코 가쿠타니 Michiko Kakutani의 진단도 비슷하다. 그는 "사실에 대한 무관심, 이성을 대신한 감성, 좀먹은 언어가 진실의 가치를 깎아내리는 위험이 대두되고 있다"고 주장하면서 진실과 이성의 기반을 약화시키는 조건들에 대해 탐색한다. 우선 소셜미디어 등 새로운 매체와 플랫폼 환경의 변화로 인해 이용자들이 폐쇄적으로 진영화되어('사일로silos' 효과와 '필터버블filter bubble' 효과) 공통의 현실 감각과 경계를 가로지르는 소통 능력을 상실해가고 있음을 논의한다. 나아가 이런 미디어 기술 및 플랫폼의 변화가 그전부터 가속화된 사상·사회문화의 변동과 결합되었다고 강조한다. 그는 지난 30년 동안의 포스트모더니즘 및 문화상대주의의 대두와 우세를 다소 부정적으로 바라본다. 서구·부르주아·남성지배적인 사고의 편향을 보편적 진실로 치장해왔던 하나의 '진실Truth'을 해체시킨 기여는 평가해주더라도, 해체와 상대화가 극단으로 치달으면서 객관적 실재의 가능성이 부인되고 진리 개념이 어떤 시각이나 관점에 따른 것으로 대체되어 주관성의 원칙이 신성시되었다는 것이 미치코 가쿠타니의 비판이다.

이와 동시에 "자기중심주의시대부터 시작해 자부심 넘치는 '셀피'시대를 거치며 나르시시즘 및 주관주의도 함께 떠올랐다"고 말한다. 무엇보다 그는 이런 사상적·사회문화적·기술적 변동이 최근에는 더 단순한 방식으로 트럼프 대통령과 그 옹호자, '대안

우파'alt-right'에 의해 활용되고 있다면서 비판의 수위를 높인다. 이는 1980~90년대 '문화전쟁'에 대해 보수주의자들이 이성의 쇠퇴를 개탄하며 스스로 전통, 법 원칙, 전문성의 수호자임을 천명했던 상황과 비교하면 정반대로 뒤바뀐 것이다.[3]

미치코 가쿠타니에 따르면, 이성에 근거한 진실의 쇠퇴는 민주주의의 쇠퇴와 몰락, 전체주의의 등장과 강화를 의미하므로 진실에 대한 외면 또는 무관심에서 벗어나야 한다. 그가 한나 아렌트의 전체주의 프로파간다의 거짓말에 대한 논의를 환기시키는 것도 같은 맥락이다. 그는 진실처럼 보이게 하기 위해 진짜 요소와 실제 경험을 뒤섞은 거짓말 선전·선동이 20세기 초의 나치즘과 공산주의에 국한되는 것이 아니라 오늘날에도 계속되고 있다고 말한다.

이런 주장에 대해 수긍이 가긴 하지만 다소 일면적이고 지나치게 이성중심적이면서 '모던'하다는 생각이 들어 전적으로 동의하기는 어렵다. 트럼프 진영의 거짓말만 비판적으로 문제삼는 것이 아니라 지난 수십 년 동안 포스트모더니즘과 소위 '문화적 전환 cultural turn' 이후 이루어진 문화 연구, 페미니즘 및 포스트식민주의에 입각한 연구 등이 이루어온 담론들도 같은 테이블에 올려 한 칼에 치고 있기 때문이다. 자명한 사실을 객관적 방법(론)으로 다루는 과학(의학)과 법학조차 사회적으로 구성되는 '패러다임' 또는 '담론'이라는 인식이 지난 수십 년 동안 진전되어오지 않았는가?

그동안에는 이런 생각을, 보수주의—우파가 거부하고 진보주의—좌파가 수용하고 발전시키지 않았는가? 왜 탈진실을 비판하는 논자들은 이러한 사정을 알면서도 포스트모더니즘, 상대주의, 다원주의 등을 탈진실의 토양으로 지목하고 모더니즘적 진실 인식으로 단순히 회귀하려고만 하는 것인가?

진실은 분명 객관적으로 실재하지만 시공간의 횡단을 통해 맥락에 따라 구성된다. 우리가 담론에 대한 논의들을 켜켜이 쌓아오면서 주목하게 된 것은 내용의 진위나 옳고 그름이 아니라 '효과'이지 않았는가? 즉 '누가 어떤 위치에서 말하고 듣는가'였다.[4] 이러한 진실에 대한 인식론을 포기하지 않으면서, 구체적으로 어떤 사람들이 화자로서 어떤 의도를 가지고 진실이 아닌 말을 청자에게 어떻게 믿게 만드는지 이해할 필요가 있다. 어떻게 화자 스스로 자기기만과 망상에 빠져 진실이 아닌 말을 진실이라 믿어버리거나 청자의 반응과 감정으로 진실 여부를 바꿀 수 있다고 생각하게 되었는지 진지하게 들여다봐야 한다. 탈진실이 그저 가짜이거나 거짓 선동으로 환원되지만은 않기 때문이다.

어떤 탈진실 사태를 두고 "이건 거짓이야"라고 폭로하거나, 탈진실을 조장하는 개인이나 집단에게 "당신은 거짓말쟁이"라고 낙인찍는 것은 탈진실 현상으로부터 빠져나오는 것이 아니라 거기에 더 휩쓸려드는 일일 뿐이다. 차라리 거짓을 발화하는 위치를 드러내고 그 거짓 목소리를 상대화하는 방향으로 논쟁을 시작하는 것이 낫다.

2019년 한국에서는 일련의 사태들이 탈진실 현상의 필터를 거치면서 여론과 담론이 적대적으로 양분되는 상황이 벌어졌다. 특히 이른바 '조국 사태'는 정치·사법개혁 문제 등을 둘러싼 정치적 적대로 끝나지 않고 세대와 청년 문제, 교육과 계급 재생산 문제, 젠더와 민족(주의) 문제 등으로 파급되면서 사회적 적대'들'로 교차 균열하며 대립하는 양상으로 확산되었다.

'조국 사태'는 그렇게 2019년 한국의 탈진실 현상을 드러내는 용어 목록에 오르게 되었지만, 2020년에도 적대적 대립은 끝나지 않을 듯하다. 진중권은 새해 벽두에 방송된 〈JTBC 뉴스룸 신년 특집 대토론—언론개혁편〉에서 유시민과의 토론이 성에 안 찼는지 《한국일보》에 〈진중권의 트루스 오디세이〉 연재를 통해 "탈진실('포스트트루스') 시대의 여러 현상들"과 미디어 문제를 매주 쓴다고 한다. 첫 연재로 '대안적 사실alternative fact'이라는 탈진실의 대표 용어를 다루면서 '조국 사태'를 둘러싼 "유시민, 김어준 같은 선동가와 친여 매체"가 다루고 제시하는 사실을 "허구에 불과한 대안적 사실"로 규정한다.[5] 이 싸움의 공방이 어떻게 전개될지 뻔히 예상된다. 서로가 자신은 사실을 말하고 상대는 거짓 선동한다고 주장할 것이다.

흥미로운 건 진중권의 위치다. 탈진실 현상을 비판적으로 본격 제기하고 있는 진중권은 미국의 탈진실 비판자들과 다른 위치에 있다. 미국에서는 민주당과 리버럴 진보주의자들이 트럼프 대통령 및 공화당과 '대안 우파'를 비판하며 이성에 근거해 진실과 민주주의를 다시 세우자고 주장하고 있다. 그러나 한국에서 진중권이 공격하는 대상은 민주당과 리버럴, 일부 진보주의자 및 좌파들이다. 진중권은 일방적으로 그들을 "탈진실의 선동가, 실천가"로 몰아가고 있고, 심지어 "문빠 좀비"라는 혐오 발화까지 쏟아내고 있다. 그러다보니 그는 아이러니하게 "무기화된 거짓말"로 탈진실을 선동해왔던 극우·보수 정치권·학계·언론·뉴미디어의 관심과 지지를 받고 있는 실정이다. 이런 상황에서 진중권에 대해 "척후인가, 전향인가" 하는 물음까지 제기되고 있다. '조국 사태'에서 파생된 '진중권 현상'은 한국에서의 탈진실 현상이 얼마나 복잡하고 복합적인지를 보여준다.

역사부정론과 반일 종족주의

탈진실 현상은 정치와 미디어 등에만 국한되지 않는다. 학계의 탈진실 선동가들은 진실과 사실을 다루는 학문인 과학과 법학, 그리고 역사학을 대상으로 삼아 분탕질하고 있다.

　역사학에 역사수정주의란 말이 있다. 역사에 대한 수정주의 시각이 필요하다는 관점은 일반적으로 이해하자면 그 자체로 문제가 없어 보인다. 역사적 사실의 구성이 학술적 검증과 해석 투쟁 과정을 통해 지배적 해석으로 자리잡게 되면, 그게 바로 정설이 된다. 그 정설에 대해 새로운 자료를 발굴하거나 다른 시각으로 재해석해 문제를 제기하며 수정을 가할 수 있다. '수정주의 사관' 이 이에 해당하는데, 이럴 때 수정주의는 역사학의 발전에 기여 하게 된다. 어떤 역사에 대한 전통주의적 시각과 수정주의적 시각 은 서로 경합해 각각의 시각과 이론, 방법, 내용들을 풍부히 발전 시켜왔다. 예컨대 한국전쟁에 대한 (신)전통주의 대 (신)수정주의 논쟁이 그러하다. 포스트식민주의, 포스트냉전, 포스트지구화의 새로운 역사 쓰기를 둘러싼 논쟁도 마찬가지다. 지배 역사에 대한 수정주의적 시도는 영웅과 지도자, 승리자, 국가와 민족, 전쟁과 지배를 중심으로 한 위로부터의 역사 쓰기에 거대한 균열을 일으 키기도 했다.

그러나 현실에서는 특정 정치적 의도로 추진되는 수정주의적 시도가 학술적인 장에서 이루어지지 않거나, 유사—학술장에서 허술하게 일방적으로 끼리끼리 진행되는 사례가 많아지고 있다. 정설이 부정되려면, 부정을 뒷받침하는 새로운 자료의 검증, 새 로운 시각과 방법의 구축, 새로운 사실의 구성이 탄탄하게 이루 어져야 하고, 이에 대한 학계의 인정과 승인의 과정이 있어야 한 다. 그럼에도 그 과정을 거의 생략하고 정설을 부정하는 사람과 집단이 늘어나고 있다. 제도권 학계의 사람일 수도 있고, 그 밖에서 유사학문을 하는 자들일 수도 있다. 누가 됐든 간에, 그들은 정설과 다르거나 상반된 사실을 말하면서 포스트모더니즘의 외피를 빌려 자신들이 주장하는 진실도 상대적인 진실이라고 외친다. 어떤 때는 정설에 음모가 있는 것처럼 폭로한다. 그들의 음모론이 확산되면서 자신감이 붙으면, 과감하게 자신들의 주장이 절대적인 진실이자 사실이라고 외친다. 더불어 정설의 입장에 서 있는 연구자들을 향해 거짓과 가짜 낙인을 남발한다. 이럴 때 그들은 대단히 앙상한 모더니즘 또는 실증주의의 외피로 갈아입은 것처럼 보인다.

이런 맥락에서 역사수정주의자는 역사부정론자다. 그 '바닥'의 원조는 홀로코스트 등 나치의 만행에 소위 '쉴드'를 치고 더 나아가 나치를 예찬했던 부정론자들이다. 그들은 자신의 주장이 자료와 증거에 기반했고 그래서 신뢰할 만한 학문적 연구 결과임을 강조한다. 그들의 연구 결과물에는 여러 자료 인용문과 각주가 달려 있다. 물론 대부분 자신들끼리 서로 인용하거나 베끼고 밑도 끝도 없는 숫자를 통계 형태로 나열하며, 논거와 상관없는 주장을 마치 암시를 걸듯 반복한다. 편향적이고 의도적으로 자료를 오독하거나 생략하며 전거를 왜곡한다. 필요하면 없는 자료와 증거를 만들어서라도 자신들의 주장을 합리화한다.[6] 탈진실의 시대라 일컬어지는 요즘으로 치면 "무기화된 거짓말"의 수법과 거의 같다. 이런 작태를 저지르는 역사부정론자들은 일본에서는 1997

년에 '교과서 우파'인 '새로운 역사교과서를 편찬하는 모임'을 중심으로 출현했고, 한국에서는 2005년 역사학계의 뉴라이트 단체 '교과서포럼'으로 탄생했다.

《기억전쟁—가해자는 어떻게 희생자가 되었는가》(2019)를 쓴 임지현 교수는 "부정론의 가장 큰 역설은 역사적 증거를 인멸한 자들이 엄격한 실증주의자를 자처한다는 데 있다"고 지적한다. 증거가 없다는 확신이 있기에 그렇게 증거를 대보라고 외친다는 것이다. 부정론자들에게 "실증주의는 희생자들의 기억이 부정확하고 정치적으로 왜곡되거나 조작되었다는 인상을 인위적으로 만들기 위해 소환시키는 이데올로기일 뿐"이다.[7] 이른바 '부정의 실증주의' 문제다.

부정론자들은 이런 방식으로 폭력과 학살의 기억 자체마저 죽이고 있다. 가해자들은 책임지고 사과하기는커녕 피해자들의 기억과 증언에 거짓과 가짜가 섞여 있으니 피해를 피해자 스스로 입증해보라고 요구하고 있다. 이런 입증은 사실상 불가능하다. 단지 증거 자료가 없어서가 아니다. 증거를 제시하더라도 가해자는 그게 당시 상황상 어쩔 수 없었다거나, 일부 예외에 해당한다고 하거나, 그도 안 되면 남들도 그랬다는 식으로 끊임없이 책임을 회피한다. 다 인정해도 도덕적 책임은 있지만 법적 책임은 없다고 말한다. 그러면서 다른 한편으로는 피해자 개인들을 고립시키며 모욕감과 수치심을 안겨준다.

이영훈이 《반일 종족주의》 프롤로그에서 쓴 그 유명한 첫 문장, "한국의 거짓말 문화는 국제적으로 널리 잘 알려진 사실입니다"는 이런 맥락에서 해석할 필요가 있다. 그는 일방적으로 한국의 정치와 언론, 대학과 학문(특히 사회학과 역사학), 법원을 거짓이 가득한 곳으로 낙인찍으면서 그 근거로 '반일 종족주의'를 든다. 자신과 동료들은 거짓을 일삼는 거대한 문화권력의 진영과 힘겹게 싸우는 투사로 자임한다. 가해자들이 '피해자 코스프레'를 하면서 피해자들을 모욕하고 있는 상황이다. 특히 그는 책에서 일본군 '위안부' 문제와 관련해 '위안부' 피해 여성들의 목소리를 왜곡하고 찬탈한다. '위안부' 피해자와 오랜 세월을 '위드유with you' 해왔던 지원단체 및 사회운동 활동가들을 "폭력적 심성"을 가진 배후 조종자로 낙인찍고 공격한다. 그는 편향적인 자료 선별과 의도적인 오독을 통해 일본군 '위안부'가 공창제의 합법적 테두리 안에서 자기 영업과 '자유 폐업'을 할 수 있는 돈벌이 좋은 매춘부였지 성노예가 아니었다고 주장한다.

일각에서 "구역질나는 책"이라는 반응이 터져 나온 것은 이런 이유에서다. 그 책에 동조하는 학자, 정치인, 기자 등을 향해 "부역·매국 친일파"라는 날선 비판도 나왔다. 조국 '청와대 민정수석'이 소셜미디어에 올린 것을 두고 말들이 있었지만, 조국 '교수' 평생의 학문적 이력으로 볼 때는 할 수 있는 평가였다. 다만 이러한 공격이 조국 개인의 소감 피력 외에 그 책과 저자의 영향력 확산을 차단하는 데 얼마나 효과적인지는 의문이다. 이런 공격으로는 탈진실 현상을 차단하기는커녕 더 휘말려 들어가게 된다. 차라리 구역질나는 거짓을 발화하는 이영훈과 저자들의 위치, 《반일 종족주의》 책이 놓인 배경과 맥락을 드러내고 그런 거짓 주장을 상대화하는 방향으로 논쟁을 시작하면서 그 정체의 민낯을 까발리는 편이 더 낫다.

그런 점에서 《반일 종족주의》가 출판된 후 한 달 만에 종합 베스트셀러 1위가 되고 2개월 만에 10쇄 약 10만 부를 판매하는 기염을 토하고 있을 때 역사학계가 이에 제대로 대응하지 못하고 무관심으로 일관했던 것은 참으로 안타깝다. 학술적으로 대응할 만한 내용이 아니며, 무엇보다 특정 정치적 의도를 가지고 역사 부정론에 입각해 쓴 그 책을 역사학계가 공식 비판하고 나선다면 없던 관심도 생겨서 화제가 될지도 모른다는 판단이었던 것으로 보인다. 그러나 책의 저본이 되는 강연들이 이미 '이승만TV'라는 유튜브 채널을 통해 큰 파급력을 갖고 있었고, 그 덕분에 출판되자마자 베스트셀러가 되었다. 우파 진영과 2019년 광화문 집회에 나가는 사람들에게 그 책은 또 하나의 '바이블'이 되었다.

그 책을 '긴급진단'하는 형식으로 "역사부정을 논박한다"는 주제를 내세워 학계가 비판에 나선 것은 약 석 달 가까이 지나서였다. 학계가 학술적 비판에 나선 타이밍 자체는 나쁘지 않았지만, 역사학계를 대표하는 단체가 거의 빠지고 민족문제연구소와 일본군 '위안부' 연구회로만 긴급진단 토론회를 구성한 것은 아쉬운 대목이 아닐 수 없다. 그 후에도 2019년이 끝나기 전에 후속 학술 회의를 이어간 것은 관련 국제학술회의를 개최한 민족문제연구소뿐이다. 그리고 《반일 종족주의》 비판서를 표방한 《일제종족주의》가 2019년 10월 곧바로 출판되었는데, 반응이 기대보다 미진했다. 홍보 등의 문제라기보다 책 비판의 시각과 내용에서 일반적인 친일파 비판서가 보이는 구태의연함이 두드러져 독자의 확장성에 한계가 있지 않았나 추측한다. 새해로 넘어가기 직전 또 하나의 비판서인 《반대를 론하다: '반일 종족주의'의 역사부정을 넘어》(2019)가 나왔는데, 얼마나 선전할지 주목된다.

《반일 종족주의》 비판서의 잰걸음에 비해 《반일 종족주의》는 광폭 행보를 하고 있다. 2019년 11월 14일 일본 문예춘추 출판사가 책을 번역 출간하자마자 온라인 서점 '아마존 재팬'의 종합순위 1위에 올랐다. 현재까지 일본에서만 40여 만 부가 판매된 것으로 집계되고 있으니 가히

'반일 종족주의 신드롬'이라 할 만하다. 2018년 말 일본에 번역 출판된 《82년생 김지영》이 약 15만 부가 팔리면서 기록할 만한 수치라는 평가들이 많았는데, 《반일 종족주의》의 판매수치는 그걸 압도한다. 이런 일본의 출판시장 상황은 일본 미투운동의 상징인 이토 시오리伊藤詩織가 일본군 '위안부' 할머니를 만나 위로하고 '위드유'를 표명한 것에 대해 일본 극우파가 온갖 '혐오 표현'을 쏟아내면서 공격하는 일본의 담론 지형을 잘 반영하고 있는 것처럼 보인다.

역사부정을 일삼는 일본의 극우파와 아베 정부에게 《반일 종족주의》와 그 저자들은 자신들의 입장을 대변해줄 너무나 소중하고 귀한 한국인 '스피커'다. 과거 아베 총리는 일본 국회에서 이영훈 교수의 주장을 소개하면서 활용한 바 있고, 이우연도 요즘 일본 극우파들에게 제2의 이영훈으로 각광받고 있다. 이영훈, 이우연 등은 앞으로 일본에서 많은 관심과 금전적 지원을 받으면서 발표와 강연 자리에 불려다닐 것으로 보인다. 일본 사회를 이미 평정했다고 생각하는 일본 극우 역사부정론자들은 미국을 주전장主戰場으로 삼아 전력을 다하고 있다. 그들에게 한국인 뉴라이트 연구자들이 쓴 《반일 종족주의》의 주장이 한국 내 일각에서 호응받고 있는 상황은 너무나 반갑고 지원해주고 싶을 것이다.

탈진실의 시대,
역사부정을
묻는다

책의 주제와 구성

이 책은《반일 종족주의》주장을 비판한다. 이를 위해 '반일 종족주의'의 논리와 수법을 분석하고, 그 주장의 심각성을 드러내고 있다. 이 책은 일본군 '위안부' 문제에 대한 이영훈의 주장을 중심으로 다루었다. 그는 일본군 '위안부' 문제를 반일 종족주의의 아성으로 꼽았고, 《반일 종족주의》책의 클라이맥스로 삼았다. 책 분량으로 보더라도 주익종의 글을 포함해 일본군 '위안부' 문제 관련 글이 5편이며, 총 120여 쪽에 달할 정도다. "위안부 성노예설을 국내에서 공개적으로 부정한 연구자는 제가 최초가 아닌가 생각합니다"[8]라고 자랑할 정도로 이영훈은 이 문제를 '주전선'으로 삼았다.

나는《반일 종족주의》주장을 크게 다섯 가지로 구분해 비판했다. 기본적으로 이영훈은 일본 극우 역사부정론자 하타 이쿠히코의 20년 전 주장과 논리를 이어간다. 다만 반일 종족주의 프레임으로 각색된 일부 주장과 논거에서 약간 다른 부분이 있다. 하타 이쿠히코 등 일본 극우파와 이영훈 등 한국 뉴라이트들의 공동의 적이 '반일 민족주의(내셔널리즘)'이긴 하지만, 서 있는 위치가 완전히 같을 수는 없기 때문에 발생하는 차이다. 이런 내용을 이 책 2부 〈《반일 종족주의》주장을 비판한다〉에서 다루었다.

역사부정의 계보로 놓고 보면, 그리 새로울 것 없는 이런 주장,

논리, 방법은 반박하기 어렵지 않다. 이영훈은 스스로 "기본 사실"을 말하고 있다고 주장하지만, 편향적인 자료 선별과 의도적인 자료 오독과 자료 생략, 왜곡된 전거가 많아서 하나하나 살펴보며 비판적으로 논박할 수 있다. 문제는 탈진실시대 뉴미디어 세계와 양분화된 진영의 한쪽에서 그의 역사부정론이 쉽게 불식되지 않을 흐름으로 자리잡아가고 있다는 점이다. 이 흐름이 한국에서 멈추지 않고 우파 간 트랜스내셔널한 연대와 네트워킹 현상으로 확산되고 있다. 따라서 《반일 종족주의》를 제대로 비판하려면 이 책이 놓인 배경과 맥락으로서 '반일 종족주의 현상'의 통시성通時性과 공시성共時性을 분석해야 한다. 이 책 1부에서는 그 변곡점의 시기로 1997년, 2005년, 2013~2015년을 꼽아 검토했다.

여기까지만 하면 말 그대로 《반일 종족주의》 비판으로 끝난다. 《반일 종족주의》는 거짓과 망언으로 가득한 책이고 이영훈은 거짓말쟁이라고 말하고 끝내는 것이다. 그런데 정말 이렇게 끝이 날 수 있을까? 앞서 살핀, 탈진실 현상에서 두드러지는 사태 전개를 떠올려보면 결코 끝나지 않는다는 답이 나온다.

나는 탈진실시대에 역사부정론자에 대응하는 방법은 거짓을 발화하는 위치를 드러내고, 그 거짓 목소리를 상대화하는 방향으로 논쟁을 시작하는 것이 최선이라고 생각한다. 그래서 이 책 1, 2부에서는 거짓의 내용과 함께 그 거짓을 발화하는 위치를 드러내려 했다. 더 나아가 이 책 3부 〈자료와 증언, 왜곡하거나 찬탈하지 않고 맥락을 보다〉에서는 그 거짓 목소리를 상대화하는 방향으로 논쟁하고자 했다. 구체적으로 이영훈이 선별하고 왜곡하며 착취한 문서 자료를, 나는 생산 맥락을 고려해가며 말을 걸고 그래서 자료가 들려주는 이야기를 들으려 한다. 또한 이영훈이 절취하고 왜곡한 문옥주의 찬탈당한 목소리를 되돌려주려 한다. 더 나아가 문서, 사진, 영상, 증언 자료를 교차하며 여러 일본군 '위안부'의 이야기'들'을 구성하고자 한다. 군 '위안부' 문제는 일본군 '위안부'의 역사에 국한되지 않는다. 이영훈의 "우리 안의 위안부"론에 답하면서, 포스트식민과 냉전·분단국가 및 사회와 그 일상에서 군 '위안부' 문제가 어떻게 계속되었는지, '위안부' 피해자들이 이중 삼중의 억압을 뚫고 운동을 통해 어떻게 스스로 주체가 되었는지를 드러내면서 이영훈과 《반일 종족주의》의 주장을 상대화하고자 한다.

마지막으로 현재 군 '위안부' 문제에 공감하고 연대하는 '우리'의 현재를 돌아보면서 탈진실의 시대 《반일 종족주의》라는 백래시를 통해 펼쳐지는 부정과 혐오에 어떻게 반격할 수 있을지 그 가능성을 모색한다.

1부

'반일 종족주의'란 무엇인가

01

2019년,
'반일 종족주의 현상'[1]

《반일 종족주의》의 파급력

2019년, '3·1운동 100주년'을 맞이했다. 이 해 7월 10일 초판 1쇄를 찍은 《반일 종족주의》(미래사)는 2개월 만에 10쇄 약 10만 부가 판매되었다. 교보문고 집계에 따르면 이 책은 8월 2주차부터 종합 베스트셀러 1위가 된 이래 '우파 도서 베스트셀러 현상'을 주도하고 있다. 특히 《반일 종족주의》의 확산과 파급력은 저본이 되는 유튜브 '이승만TV'의 강의들을 보면 구체적으로 확인된다. '이승만TV'는 2018년 6월 15일 개설했는데, 반년 만에 구독자 수가 10만 명 달성을 코앞에 두고 있다. 총 361개 동영상(2019년 9월 28일 기준) 중 이 책과 직접 관련이 있는 강의는 '반일 종족주의 타파' 시리즈 강의 30회(2018. 12. 11~2019. 3. 15)와 '일본군 위안부 문제의 진실' 시리즈 16회(2019. 2. 15~6. 20)다. 강의는 주로 이영훈(전 서울대 경제학과 교수), 주익종(전 대한민국역사박물관 학예연구실장), 김용삼(펜앤드마이크 대기자)이 주도했고, 이우연(낙성대경제연구소 연구위원), 김낙년(동국대 경제학과 교수), 정안기(서울대 객원연구원)가 함께했다. 책 출간 직후 이승만학당(이영훈)과 펜앤드마이크(정규재) 공동 주최로 북콘서트가 7월 17일부터 3일 동안 서울, 대구, 부산에서 잇달아 열렸다. 서울 콘서트만 해도 안병직(서울대 명예교수), 주대환(사회민주주의연대 대표), 심재철(자유한국당 의원), 정종섭(자유한국당 의원), 김문수(전 경기도지사), 김영호(성신여대 정외과 교수), 김대호(사회디자인연구소 소장), 김우근(서울대 트루스포럼 대표) 등 기라성 같은 뉴라이트계 정치인, 지식인, 언론인 등이 참석해 책에 못지않은 '기가 막힌' 내용의 축사를 했다.[2]

흥미로운 건 반일 종족주의 및 일본군 '위안부' 시리즈 강의에 대해서는 일본어 자막을 단 강의 콘텐츠를 별도로 제작한 점이었다. 이것은 한국어 강의보다 조회 수가 훨씬 많았는데, 최고로 58만이 넘는 조회를 기록한 강의도 있었다. 그 강의에만 1,400개가 넘는 일본어 댓글이 달렸다. 일본 '넷우익'이 작성한 것으로 보인다. 상황이 이렇다보니 《반일 종족주의》의 일본어 판권을 확보하기 위해 일본 출판사와 국내 에이전시들이 적극 나섰고, 11월 14일 일본 문예춘추 출판사가 번역 출간하자마자 온라인 서점 '아마존 재팬'에서 종합순위 1위에 올랐다. 이에 대해 "위안부 활동하는 사람들이 일본에서 우호세력을 확보했듯이, 우리도 양국의 우

탈진실의 시대,
역사부정을
묻는다

호 협력을 지지하는 시민세력을 만들려고 하는 것"[3]이라고 설명한 '이승만학당' 관계자의 말은 자못 흥미롭다.

'반일 종족주의' 현상의 세 층위

이쯤 되면 '반일 종족주의 현상'이라 할 수 있다. 이 현상을 분석적으로 구분하면, 세 층위가 있다. 우선, 우파 도서 베스트셀러 현상이다. 두 번째 현상은 유튜브 등 새로운 미디어 플랫폼과 기술로 가능해진 파급력이다. 세 번째, 한일 우파 간 역사수정주의 연대와 네트워킹 현상이다.

우파 도서 베스트셀러 현상은 표면적인 문제다. 이것 자체는 그리 새로운 일이 아니라는 서점 관계자들의 평가가 있다. "진보 정권이 집권하면 항상 있는 현상"이고, "노무현 정권 때도 《해방 전후사의 재인식》(2006)이 베스트셀러 순위에 올라간 적이 있다는 것이다.[4]

그러나 최근 우파 도서들이 쉽게 베스트셀러로 진입하게 되는 배경으로 유튜브와 '카톡'의 영향력에 힘입은 우파 결집, 이것이 구매층으로 이어진다는 점은 분명 새로운 현상이다. 많은 구독자를 거느린 극우 유튜버들이 출판사를 차리는 경우도 있다. 구매층도 주로 60대 이상의 남성이다.

《반일 종족주의》는 더 특별한 데가 있다. '신친일파'라 자처하는 유튜버들은 파생 채널을 만들어 《반일 종족주의》의 내용, 즉 이승만TV가 제공하는 콘텐츠를 재탕하는 방식으로 방송하며 조회 수가 수만에서 수십만을 찍는 채널로 커가고 있다. 역사수정주의자들의 '역사전쟁' 콘텐츠가 워낙 자극적이어서 유튜브 이용자들이 관심을 갖기 쉽다. 무엇보다 일본 이용자(대부분 '넷우익')들의 대량 유입 결과다. 그런 채널이나 영상에 일본판 일베 '5채널(5ch)'에서 볼 수 있던 역사부정론 입장의 일본어 댓글들이 한국어 댓글과 어우러지고 있다. 유튜브 광고 월 수익이 수천만 원 대인 채널도 생겨나면서, 이를 보고 제2, 제3의 이영훈과 이우연이 되고 싶어 하는 유튜버들이 줄을 이을 전망이다.

이 채널을 구독하고 관련 영상을 보았던 어떤 청년들이 '소녀상'에 모욕을 가했다. SBS의 〈그것이 알고 싶다─누가 소녀상에 침을 뱉는가〉(1180회)는 이 사태가 일베 감수성을 가진 일부 청년들의 예외적 일탈이 아님을 분명히 보여주었다. 그중 스스로 친일파라 자처하는 한 청년은 소녀상이 반일 감정을 부추겨 한일관계를 파탄냈다면서 식민지 근대화론의 내용을 읊어댔다. 조선의 미개함에 대해 확신하는 그 청년의 모습에서 《반일 종족주의》의 흔적을 어렵지 않게 찾아볼 수 있다.

과거에도 인터넷 블로그 세계에 친일파라 자칭하는 사람들의 글이 없지 않았다. 그러나 그들은 고립무원이었고, 게시판 댓글로 연결이 되었어도 그들만의 아주 작은 리그였다. 그러나 유튜브, 카톡, 페이스북, 트위터 등 뉴미디어의 인공지능과 하이퍼링

크 기술, 접근성 높은 플랫폼들이 이들의 네트워킹을 확산시키고 있다. 국내에서도 새로운 미디어에 기반을 둔 뉴라이트 계열의 온라인 네트워킹 조직이 만들어지고 있다. 예컨대 이우연이 대표로 있는 '반일 민족주의를 반대하는 모임'이나 '위안부와 노무 동원 노동자 동상 설치를 반대하는 모임' 등은 그가 페이스북에서 제안하자 순식간에 회원이 몰려 만들어진 것이다. 최근 류석춘 교수를 옹호하고 나선 한국근현대사연구회(회장 손기호)도 네이버 밴드, 유튜브, 페이스북 등을 기반으로 이승만TV와 펜앤드마이크와 함께 활동하고 있다. 일본의 우경화 과정에서 등장한 넷우익들에 의해 수없이 만들어진 네트워킹 양상이 비슷해 보인다.

한일 우파 역사수정주의 연대와 네트워크

여기에 더해 한일 우파 간 역사수정주의 연대와 네트워킹 현상에 주목해야 한다. 2019년 7월 1일 아베 정부가 반도체 3개 품목의 한국 수출을 규제한다는 조치를 발표한 다음 날, 이우연은 일본 극우파 후지키 슌이치藤木俊一의 금전적 지원을 받아 유엔 인권이사회에 가서 일제의 강제 동원을 부정하는 내용의 발표를 했다. 그때 후지키 슌이치가 이우연의 양복 옷깃을 매만지고 먼지를 세심히 털어주자 멋쩍은 듯 웃는 이우연의 모습은 한일 역사수정주의자들의 관계의 본질, 연대의 성격을 잘 보여준다.

이를 보면, 영화 〈주전장〉에서 일본 극우파 역사부정론자의 구심점인 카세 히데아키加瀨英明의 조롱 섞인 말이 떠오른다. "한국이라는 나라는 정말 귀여운 나라예요. 버릇없는 꼬마가 시끄럽게 구는 것처럼 정말 귀엽지 않아요?" 후지키 슌이치가 이우연에게 발표를 제안한 것도 그의 말과 글이 기특했던 것이 아닐까? 후지키 슌이치나 일본 역사수정주의 단체들은 앞으로도 이우연에게 깊은 관심을 보내고 금전적인 지원을 하면서 발표할 자리를 만들어줄 것으로 보인다. 실제 후지키 슌이치는 유튜브에서 일본의 입장을 대변해줄 미국인 스피커 토니 마라노Tony Marano를 지원하기 위해 '텍사스 대디' 일본사무국을 만들었고, 이를 통해 금전적으로 지원해왔다.

실제 이우연은 10월 4~6일 3일에 걸쳐 후쿠오카, 오사카, 도쿄에서 순회강연을 할 예정이었다[5](그러나 갑자기 이우연은 건강 문제를 이유로 강연을 포기했다). '역사인식문제연구회'(니시오카 쓰토무西岡力)가 이 일본 순회강연을 지원한다. 역사인식문제연구회는 '일본회의'와 친분이 있고 과거 '새로운 역사교과서를 편찬하는 모임'(이하 새역모)의 멤버였던 니시오카 쓰토무, 다카하시 시로高橋史朗 등이 2016년 9월에 설립했다. '위안부' 문제와 관련해 일본 국내에서는 승리했는데, "국제사회에서는 아직도 반일세력의 영향력이 강한데, 우리(일본) 정부는 체계적이고 조직적인 반론을 아직 본격적으로 제기하고 있지 않다"고 지적하면서 연구, 자료 수집, 젊은 연구자 육성은 물론 외국어로 홍보하고 정부 및 관계

기관에도 제언할 목적으로 설립했다는 조직이다. 역사인식문제 연구회의 활동 가운데 두드러졌던 것은 일본군 '위안부' 기록물이 유네스코 세계기록유산으로 등재되는 것을 막기 위한 국제운동 이었다.[6]

'반일 종족주의' 현상, 앞날이 더 문제

문제는 제2, 제3의 이우연을 꿈꾸는 한국의 유튜버들이 일본의 '댓글 넷우익'[7]과 네트워킹되면서 시너지가 만들어질 참이란 사실 이다. 한일 역사수정주의 네트워킹의 속도와 양은 그간 반전·평 화·인권에 가치를 둔 한일 시민연대를 압도하게 되지 않을까 우 려된다. 반일 종족주의 현상을 간과하면 할수록, 관심을 꺼야 사 그라질 것이라고 생각하면 할수록, 다가오는 현실은 어쩌면 그 반대로 전개될 가능성도 크다.

2019년 7월 18일 《반일 종족주의》 대구 콘서트에서 박근혜 정 부 첫 청와대 대변인이었던 윤창중은 "사실은 제가 '토착왜구'입 니다"라고 했다. 8월 1일 '엄마부대' 대표 주옥순은 아베 총리에게 "국민의 한 사람으로서 사죄드립니다"라고 했다. 앞으로도 이런 망언은 일회적인 해프닝으로 끝나지 않을 것이다. 광화문 일대에 서 우리공화당 계열과 뉴라이트 계열의 시위자들은 '반문재인 정 부'를 고리로 삼아 맹목적인 혐오와 증오를 발산하고 있고, 심지어 해방 이후 처음으로 '내가 바로 친일파'를 외치고 있다. 문재인 정부의 반일 종족주의가 한일관계를 파탄시키고 있고, 한·미·일 삼각동맹을 어렵게 해 대한민국의 위기가 증대되고 있으니 애국자인 자신들이 나서 싸운다는 논리를 구축했다. 반일 종족주의를 맹목적으로 받드는 자들은 스스로 '반일-공산주의(종북, 빨갱이)-매국'에 맞서서 '친일-자유주의-애국'을 한다고 믿고 있다.

이런 상황이 단지 일국적 현상에 불과한 걸까? 역사적·세계사적 전환기에 발생하는 신보호주의적 파고에 급격히 자라나는 파시즘적 생각과 행위가 일국적 고립에서 벗어나 서로 급격히 연결되면서 만들어지는 거대한 반동의 흐름의 한 지류는 아닐까?

탈진실의 시대,
역사부정을
묻는다

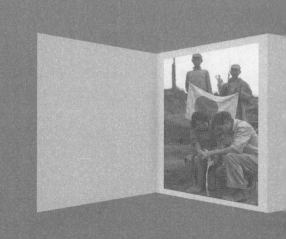

02 '교과서 우파'의 탄생,
2005년 한국과
1997년 일본

한일 '교과서 우파'의 탄생

현재의 상황과 비교할 만한 현상이 과거에 있기는 했다. 바로 친일파 청산 정국과 기존 검인정 《한국근현대사》 교과서(6종)에 대한 뉴라이트의 비판이다.

　노무현 정부 때 이른바 '과거사 청산'이 법적인 기반(특별법)을 갖고 시도되었고, 이에 저항하면서 등장한 것이 '뉴라이트'였다는 것은 잘 알려져 있다. 2004년 3월 '친일 반민족행위 진상규명에 관한 법률'(이하 '친일진상규명법')이, 2005년 5월 '진실화해를 위한 과거사정리 기본법'이 제정되었다. 이 시기는 한일 우파들의 관계에서, 또한 한국 우파의 분화에서 변곡점이었다고 판단된다.

　우선, 한일 우파들은 2002년 불거진 2차 북핵 위기와 일본인 납

치사건으로 공통의 반북 감정을 공유하게 되었다. 2004년 3월 친일진상규명법이 국회를 통과하자 《산케이신문》의 서울지국장 구로다 가쓰히로黑田勝弘가 쓴 기사가 참 시사적이다. "특별법은 좌파나 친북과 유사한 성향이 강한 소장파 의원들이 주도"하고 있고, "친일파 규탄은 전쟁 전의 한일관계뿐 아니라 전후의 한일관계마저도 부정적으로 취급하는 한편, 북한 공산독재체제에는 진실의 눈을 돌리지 않는 결과를 낳고 있다"고 주장했다. 즉 《산케이》의 논조는 "친일파 청산을 주장하는 세력이야말로 친북 좌파이며, 한일 양국 보수에게 공통의 적"임을 강조하고 있다.[8] 이것은 강고한 '반북 감정'을 바탕으로 한국의 우파가 '친일 대 반일'의 강력한 구도를 얼마나 상대화하고 반일 민족주의의 자장에서 벗어날 수 있을지 시험대에 오르게 되었음을 의미한다.

당시 올드라이트와 차별화된 생각과 행동으로 보수 혁신의 아이콘으로 등장했던 뉴라이트 집단에 주목해보자. 뉴라이트 진영은 크게 '자유주의연대', '뉴라이트전국연합', '선진화국민회의'가 3대 축을 이루었다. 여기에서는 자유주의연대와 그 자매단체인 교과서포럼을 중심으로 살펴본다.

뉴라이트의 '자학사관' 비판과 일본 우파

자유주의연대(대표 신지호)는 2004년 11월 23일 노무현 정부의 '자학사관'과의 전쟁을 선포하며 설립되었다. 한국에서 '자학사관'이라는 용어를 처음 쓴 것은 신지호다.[9] 신지호는 2004년 9월 15일자 한 신문의 연재 칼럼에서 '집권세력의 자학사관'을 이렇게 문제삼았다.

나는 북한 정권 말고 건국, 산업화와 민주화에 이르는 대한민국의 역사를 현 정권만큼 부정적으로 바라보는 나라와 정권을 본 적이 없다. 그런 점에서 현 집권세력은 자학사관의 소유자들이다.[10]

잘 알려져 있듯, '자학사관'은 일본의 극우파 새역모가 중학교 역사교과서 7종 모두에 일본군 '위안부' 문제를 기술한 것을 비난하면서 나온 용어다. 새역모는 1997년 1월 30일 설립되었다. 니시오 간지西尾幹二(전기통신대 독문학)가 초대 회장을, 후지오카 노부카츠藤岡信勝(도쿄대 교육학)가 부회장을 맡았다. 다카하시 시로高橋史郎(메이세이대학)와 고바야시 요시노리小林よしのり(만화가) 등이 함께 참여했다. 고노 담화(1993. 8)에서 무라야마 담화(1995. 8), 여성을 위한 아시아평화국민기금(1995)으로 이어지는 시기에도 크게 꿈틀거리지 않았던 일본 우파가 1997년을 전후로 반격하기 시작한 이유는 바로 이 중학교 교과서 때문이었다. 곧바로 일본 국회에서도 극우파 의원들을 중심으로 '일본의 전도前途와 역사교육을 생각하는 젊은 의원 모임'이 결성되었고, 5월에는 일본회의[11] 및 일본회의 국회의원 간담회가 조직되었다. 그 중심에 젊은 의원

아베 신조가 있었다.[12]

새역모 등은 전후 근현대사 교육에서 일본인은 자자손손 사죄하는 것이 운명이 된 죄인처럼 다루어진다고 비판한다. 그리고 냉전 종식 후에, 그러니까 1990년대 초·중반에 그러한 자학적 경향이 더욱 강화되었다고 주장한다. 한국의 뉴라이트나 일본의 극우파나 각각 근현대사에서 극우/파시즘/독재정치로 인한 잘못을 반성하는 역사인식을 '자학사관'으로 보고 있다는 점에서 서로 연속되어 있다. 공통적으로 국가(폭력)의 잘못을 반성하는 대신에 미화하거나 심지어 왜곡하고 있다. 예컨대, 새역모가 만든 교과서는 조선에 대한 식민지배의 합법성을 주장하고, 식민지시기를 근대화라는 이름으로 정당화한다. 더 나아가 일제의 아시아 침략전쟁을 '아시아 해방전쟁'으로 미화하거나 왜곡한다.[13]

신지호가 일본 극우파들의 조어를 가져온 것도 금성출판사의 《한국근현대사》를 비판하기 위해서다. 하종문 교수(한신대 일본학과)에 따르면, 《동아일보》가 신지호의 입을 빌려 '자학사관'이라는 단어를 대대적으로 살포했는데, 이와 관련한 흥미로운 해석이 있다. 《동아일보》가 보수 '본가' 《조선일보》와 경쟁하기 위해 뉴라이트를 보수 혁신세력으로 바라보고 '올인'했다는 거다.[14]

탈진실의 시대,
역사부정을
묻는다

한국 뉴라이트와 교과서포럼

자유주의연대 등 뉴라이트 집단은 "자학사관 교과서"의 대안을 만들고자 했다. 그 결과 탄생한 것이 바로 '교과서포럼'이다. 교과서포럼은 광복 60주년인 2005년 1월 25일에 설립되었다. 공동 대표는 박효종(서울대 윤리교육학과), 이영훈, 차상철(충남대 역사학과)이 맡았다. 안병직(서울대 명예교수), 유영익(연세대 국제대학원), 이성무(전 국사편찬위원회 위원장), 이대근(성균관대 경제학부), 김진홍(뉴라이트전국연합 의장) 등이 고문을 맡았다. 전상인(서울대 환경대학원)이 운영위원장이었고, 김광동(나라정책연구원 원장), 김영호(성신여대 정치외교학과), 류석춘, 김일영(성균관대 정치외교학과) 등이 포럼 운영위원이었는데, 신지호도 그중 한 명이었다. 창립선언문은 "대한민국은 잘못 태어난 국가인가?"로 시작한다. 우편향도 좌편향도 아닌 실사구시를 지향한다고 선언하면서도 이승만을 '건국의 아버지', 박정희를 '부국의 아버지'로 평가해야 한다는 인식을 드러낸다. "대한민국의 미래세대는 언제까지 주홍글씨가 쓰인 옷을 입고 다녀야 할 것인가"라고 반문한 대목에 이르면, 교과서포럼이 기존 한국근현대사 교과서들, 특히 금성출판사 교과서를 '친북'으로 낙인찍은 모양새다.

교과서포럼의 친일파 청산 비판 문제는 이 시기에 올드라이트와 뉴라이트 간 갈등, 뉴라이트 내부의 갈등 문제가 엮이면서 선명하지 못했다는 평가가 있다. 그것은 2005년 3월 '한승조 교수

파동'에서도 잘 드러난다. 한승조 고려대 명예교수는 《산케이신문》의 월간지 《세이론正論》에 기고문을 보내 "정치권력의 영속화를 위해 친일 행위를 단죄하는 현 좌파 정권의 정치적 의도"를 비판하면서 "일본의 한국에 대한 식민지배는 오히려 천만다행이며, 저주할 일이라기보다는 도리어 축복"이라고 했다.[15]

> 과거사를 따지더라도 그것을 통해 반성을 하는 데 뜻을 둬야지 누구 누구를 때려잡고 모함하고 불구를 만드는 여론몰이식 인민재판은 나라를 망치는 망국의 길이며, 애국자를 매국노로 만들면 벌을 받을 것이다.[16]

한국 사회 전체를 뜨겁게 만들었던 이 사건으로 우파도 쪼개졌다. 한승조가 대표로 있던 자유시민연대는 세대 간 갈등 양상을 보였다. 뉴라이트를 밀었던 《동아일보》도 "한승조 사관은 받아들일 수 없다"[17]고 표명했다. 오히려 《조선일보》가 "비틀린 역사관"[18]이라고 비판하면서도, "대학가에서 제자가 스승을 고발하는 대학의 친일 청산 모습"이 "문화혁명시대의 중국 대학과 닮았다"[19]는 판에 박은 물타기를 꾀하기도 했다. 지만원과 조갑제 같은 올드라이트는 "친일보다 친북이 더 나쁘다"는 식으로 한승조를 거들고 나섰지만, 정작 뉴라이트 진영은 침묵했다. 뉴라이트 집단의 일부는 노무현 정권과 좌파에 의한 '과도한' 친일파 청산이 문제라는 인식 수준에 머물렀고, 반일 민족주의 자체를 정면으로 문제삼지

탈진실의 시대,
역사부정을
묻는다

않았다. 이러한 상황은 2006년 11월 30일 불거진 교과서포럼 교과서 시안 발표(6차 심포지엄) 사태에서도 계속되었다.[20]

논란이 촉발되어 폭력사태를 야기했던 것은 '4·19'에 대한 평가였다. '4·19혁명' 관련 단체들은 교과서포럼이 '4·19'를 '학생운동'으로, '5·16'을 '혁명'으로 왜곡한 것에 대해 물리적으로 항의했다. 이에 대해 교과서포럼이 '4·19혁명'으로 재명명하면서 폭력사태는 봉합되었지만, 사태는 예기치 않은 방향으로 전개되었다. 올드라이트와 뉴라이트 간 앙금이 주도권 다툼과 맞물려 터져 나왔다. 올드라이트 지만원은 뉴라이트에게 "한번 주사파는 영원한 주사파"라고 비난하며 전향자의 주홍글씨를 건드렸다. 하종문 교수는 이런 상황에서 뉴라이트가 북한 인권과 민주화를 강조하는 한편, 일본과의 공조를 위해서도 반일 민족주의에 대해서는 확실히 비판해야 한다고 판단했을 것이라 해석한다.[21]

03

2013~2015년, 반일 민족주의를 공격하라

반일 시각은 '종북 좌편향'?

2013년은 뉴라이트의 반일 민족주의에 대한 공세가 급진전했던 해다. 박근혜 정부가 출범하고 불과 몇 달 안 돼 한국현대사학회의 뉴라이트 학자들이 집필한 《고등학교 한국사 교과서》(이하 '교학사 교과서')가 국사편찬위원회의 검정을 통과했다. 곧이어 그 학회 고문이자 '뉴라이트의 대부'인 유영익 교수가 학계와 시민단체, 야당의 반대에도 불구하고 국사편찬위원장에 임명되었다. 일제 식민 통치로 한국 사회가 발전했다는 말은 2005년 한승조 교수 때에는 극심한 비난을 사는 망언이었지만, 2013년 유영익에게는 소신이 되었다. 한마디로 교학사 교과서 검정 통과는 일회성 사건이 아니라 뉴라이트가 정권 차원에서 절치부심 준비한 역사전쟁의 일환이었다.

'교학사 교과서'로 촉발된 역사전쟁

교학사 교과서에 대한 비판이 역사학계와 교육단체들을 중심으로 전 국민적 운동으로 전개되자, 2013년 9월 17일 교학사 교과서 대표 필자인 권희영(한국학중앙연구원 교수)은 뉴라이트 단체들과 공동 기자회견을 갖고 한국 사회가 지나치게 '친일 대 반일'의 구도에 사로잡혀 있다고 반발했다. 그는 교학사 교과서를 제외한 7종 교과서(금성, 두산동아, 미래엔, 비상교육, 천재교육 등)가 모두 반일적 경향을 갖고 있는 것이야말로 심각한 문제라는 궤변도 늘어놓았다. 더 나아가 교과서를 반일의 시각에서 쓰면 '종북 좌편향'이라는 논리도 들고 나왔다.[22]

　　교학사 교과서는 다른 7종 교과서와 달리 유독 '친일파'의 실상과 역사를 거의 서술하지 않았다. 지도층 '친일파'에 대해서는 일제의 강요와 핍박 때문에 어쩔 수 없이 협력했지 자발적으로 친일을 하지 않았기 때문에 책임을 묻지 말아야 한다고 했다. 또한 일제 식민지배 아래 살았던 사람들은 거의 모두 자발적으로 일제에 직간접적으로 협력했다고 서술하면서 여기에 징용, 징병도 포함시켰다. 이에 대해 이준식(독립기념관 관장)은 지도층 인사의 친일 행위에 대해 면죄부를 주는 것을 넘어서 강제 동원된 사람들

을 졸지에 '부일 협력자'로 만드는 "위험한 정도를 넘어서 사악하기조차 한 서술"이라고 평가했다.[23]

그럼에도 《동아일보》는 교학사 교과서에 가하는 집단린치 수준의 몰매가 마녀사냥이라며 적극 옹호에 나섰다.[24] 여당인 새누리당 인사들은 역사전쟁이 시작되었다면서 교학사 교과서의 역사인식을 옹호하고 나서며 검정 통과와 채택을 우회적으로 지원했다. 사실의 오류는 바로잡으면 되지만 중요한 건 관점이라며 우파 관점을 반영한 교과서를 지켜야 한다고 했다.[25] 일찍이 검정 과정에서부터 교학사 교과서 구하기에 나선 교육부는 더 말할 것도 없다.

뉴라이트 등 한국 우파는 '교학사 교과서 살리기 운동'에 총집결했다. 1차 집결은 2013년 9월 27일 '바른역사국민연합' 조직으로 나타났다. 새누리당 이인제, 이혜훈, 안상수 의원 등과 권희영, 박세일(한반도선진화재단 이사장), 김정수(자유교육연합 대표) 등 우파 인사들이 두루 참가했다. 500여 개 단체가 참가했다고 셀프 홍보했는데, 상임의장 13명, 상임공동대표 15명, 운영위원 명단만 확인될 뿐 실제 조직의 구조 및 활동은 알려진 바 없다. 자문위원 명단에는 원로 역사학자들이 여럿 포함되어 있었다. 김정배, 신형식, 이기동, 이배영, 이성규, 이성무, 이인호, 이주영, 차하순 등이었다. 학계 자문단에는 강규형, 김세중, 김영호 등 사회과학 분야의 교수들이 참여했다. 이런 인사들이 모여서 무엇을 했을까? 화려한 인선에 비해 활동은 미미했는데, 그래도 10월 24일 남북 역사교육 비교 세미나를 개최해 교학사 교과서를 제외한 7종 교과서 모두 북한 교과서를 닮았다[26]는 파격적이면서 노골적인 주장을 쏟아낸 것은 기억에 남는다.

교학사 교과서 파행이 1차 마무리된 2014년 2월 6일 한국 우파는 '역사교과서대책 범국민운동본부'(이하 '범국민운동본부')를 출범시켰다. 대한민국애국시민연합, 한국기독교총연합회, 공교육살리기국민연합 등을 중심으로 대한민국고엽제전우회, 대한민국재향군인회, 전국사학법인연합회, 한국자유총연맹 등 510개 단체가 참가했다고 한다. "자녀들에게 자랑스런 대한민국 역사를 가르쳐야 합니다!"란 슬로건을 내세우며 기상천외한 향후 활동을 공표했다. "수능 출제와 기업 입사시험 때 교학사 교과서 포함, 국정교과서 환원과 편수기능 강화, 고등학교에 교학사 교과서 채택 권장, 건국절 기념일 제정" 등이었는데, "좌파 테러에 맞대응할 애국시민 결사대 조직과 지원자 모집"을 내걸기도 했다. 그러나 범국민운동본부도 바른역사국민연합처럼 상시적인 집행기구를 구성하거나 활동 공간을 만들어 일상 활동을 하지는 않았다.

교학사 교과서를 지지하는 단체들을 조사한 김육훈(전국역사교사모임)은 두 조직에 참가한 단체가 많이 겹치는 것을 확인했다. 그는 그동안 '애국운동'을 해오던 올드/뉴라이트 단체들, 반反전교조 교육단체, 보수 학부모 단체들이 중심이 되어 바른역사국민연합이나 범국민운동본부라는 이름으로 행사를 개최할 때마다 서로 네트워킹하고, 여기에 권희영, 이명희(공주대 역사교육과) 등

교학사 교과서 필진, 이영훈 등 일부 교수 전문가, 조갑제 등 우파 이데올로그가 참여한 것이 아닌가 판단한다.[27]

정부, 여당, 우파들의 총력전에도 불구하고 교학사 교과서를 채택한 고등학교는 최종적으로 1개 학교였다. 19개 학교(사립고 16교, 공립고 3교)가 채택을 시도했지만, 역사교사, 졸업생 동문, 학생과 학부모 등의 반대로 철회했다. 이에 교육부는 편수조직을 대폭 강화하고 교육내용 준거안 집필과 교과서 집필 및 검정에 개입할 수 있는 여지를 대폭 늘렸다. 그리고 아예 국정교과서 추진을 위한 밑그림을 그려나갔다.

역사교과서 국정화 시도는 2015년 9월에 공식화되었다. 그 직전에 새누리당 김무성 대표가 나섰다. 그는 "진보 좌파세력이 준동하면서 미래를 책임질 어린 학생들에게 부정적 역사관을 심어주고 있어, 이 문제 해결을 위해 역사교과서를 국정교과서로 바꾸기 위한 노력을 현재 하고 있다"며 기습적으로 국정화 불을 당겼다. 2015년 9월 2일 그는 정기국회 교섭단체 대표 연설에서 국정교과서 도입을 반드시 추진하겠다고 밝혔고, 10월 12일 교육부 장관은 국정화 방침을 행정예고했으며, 11월 3일 국정화 확정 담화를 발표하고 고시했다.

집필진과 우파 단체들이 전면에 나서 역사전을 벌였던 교학사 교과서 때와 달리 역사교과서의 국정화는 청와대, 정부, 여당이 밑작업을 해뒀다가 약 3개월 동안 기습적이면서 거칠게 밀어붙여서 결정지었다. 여당인 새누리당은 "김일성 주체사상을 우리 아이들이 배우고 있습니다"라는 선정적인 현수막을 걸어 한바탕 소동이 일 정도였다.

교과서 '반동'과 역사전쟁

2011년 출범한 한국현대사학회가 '한국판 새역모'였다는 것은 기존 연구들이 잘 분석한 바 있다. 교학사 교과서의 일제 식민지배 시기의 서술이 새역모가 펴낸 후소샤扶桑社 교과서와 쌍둥이라는 평가도 많다. 일제의 식민지배를 미화하고 친일파를 옹호하는 등의 역사 왜곡뿐 아니라 검정 통과 과정에서 드러난 수많은 서술 오류는 물론 매우 저조한 교과서 채택률도 닮았다.

　이런 놀라운 동질성 때문일까? 교학사 교과서가 검정을 통과한 뒤 일본 극우파는 크게 환호했다. 2013년 9월 21일 자《산케이신문》은 "한국은 정부와 민간이 함께 일본의 교과서에 대해서도 압력을 가해왔다. 한국에서의 이번 '새 교과서 소동'은 지금까지의 일본 교과서 문제에 대한 도를 넘은 한국의 개입을 되돌아보고 반성할 좋은 기회"라는 기사를 내보냈다. 2013년 10월 6일 자《요미우리신문》도 "역사 문제 등으로 일본과 관계가 냉각된 한국에서 일본 통치시대를 일부 평가해주는 교과서가 올해 처음으로 검정을 통과, 역사관을 둘러싼 논쟁을 일으키고 있다"고 소개하면서 교학사 교과서가 일제시대와 그 이후를 경제발전의 관점에서

재평가하고 있다고 긍정적으로 보도했다.[28]

《산케이》와 《요미우리》의 반응은 일회적인 것이 아니었다. "아베 총리의 외교 스승"으로 불리는 나카니시 데루마사中西輝政(교토대 명예교수)는 《세이론》(2013년 2월호)에 게재한 글에서 일본이 안고 있는 문제로 국가관의 결여와 함께 한국과 중국의 대일 역사전쟁이라고 주장했다.

> 일본인이 오해하고 있는 '역사인식'이야말로 미사일이나 핵무기보다도 훨씬 무서운 위협을 일본에 주고 있다는 것을 알아야 한다. 일본인이 빨리 본래의 독립주권국가로서의 역사관을 재건하지 않으면 눈앞에 국가의 존립이 위험해진다. 바야흐로 우리 개개인의 역사관이야말로 이 역사전쟁에서 안전을 보장해주는 최후의 보루이다.[29]

2013년 7월 29일 일본에서 '위안부의 진실 국민운동'(이하 '국민운동')이 결성되었다. 대표는 새역모 고문이자 일본회의 대표위원인, 여러 극우 단체의 배후로 지목되는 카세 히데아키였다. 국민운동은 고노 담화 철회를 촉구하면서 '주전장'인 미국에서의 일본군 '위안부' 추모비와 소녀상 설치에 대항하는 것을 목표로 만들어진 극우파 단체들의 네트워크 조직이었다. 참여 단체는 '위안부' 부정운동을 벌이는 나데시코 액션·미풍 등 행동보수계 단체와 패널 제작단체, 행복의 과학계 '논파 프로젝트'까지 다양했는

〈표 1〉《세이론》 2013년 5월호~2015년 12월호
역사전쟁 또는 '위안부' 관련 특집

세이론	특집 기획
2013년 5월호	〈역사전쟁에 승리한다!〉
8월호	〈위안부 포위망을 돌파하라〉
10월호	〈한국에 쓸 약은 있는가〉
12월호	〈위안부 문제, 반격의 가을〉, 〈대동아회의 70년째 진실〉
2014년 1월호	〈조선 통치·위안부 일본의 명예와 진실 투쟁〉
2월호	〈심판 받은 반일동물원 NHK 'JAPAN 데뷔' 소송〉, 〈'일본의 역사' 복권의 막을 올려라〉
4월호	〈격화되는 역사전쟁에 대항하자〉, 〈'패전 후 탈각'의 정신사적 탐구〉
5월호	〈위안부·역사전쟁, 우리의 반격〉
6월호	〈역사전쟁, 승리를 향한 교두보〉
7월호	〈한국, 중국에 대한 반전 대공세〉
8월호	〈역사전쟁, 반격을 늦추지 말라〉, 〈일본을 곤경에 빠뜨려 만족하는가! 아사히신문에게 레드카드〉
9월호	〈고노 담화 검증과 한국인 미군위안부〉
10월호	〈아사히신문 불타다〉
11월호	〈타락하고 또 반일, 아사히신문〉
12월호	〈발굴특집! 군·관 40인이 남긴 오명의 반론〉, 〈구제불능의 아사히신문의 무책임〉
2015년 2월호	〈아사히신문을 추격하다〉, 〈패전 후 70년 불을 뿜는 역사전쟁〉
3월호	〈패전 후 70년과 아사히·위안부 문제〉
4월호	〈아사히신문, 반일은 건재하다〉, 〈아시아는 잊지 않는다. 전후 70년 태평양전쟁 긍정론〉
5월호	〈패전 후에 종지부를〉, 〈역사전쟁·위안부 전선의 현재〉
9월호	〈세계유산 – '강제'에 기세등등한 한국, 어이없이 속은 일본〉, 〈종전 70년 역사의 복권은 이제부터다〉
10월호	〈아베 담화와 역사부흥의 길〉
11월호	〈한·중 반일 감정에 오염된 세계유산〉
12월호	〈'난징'과 타락한 유네스코·UN〉
*2016년 3월호	〈'위안부' 전(쟁), 아직도 멈추지 않는다〉

데, 사무국은 새역모에 마련되었다. 또한 국민운동은 토니 마라노 같은 유튜버를 지원하기 위해 후지키 슌이치가 조직한 '텍사스 대디' 일본사무국과도 깊은 관계가 있다. 그 밖에도 일본 극우파의 외국인 스피커 역할을 자처하는 저널리스트 헨리 스톡스Henry S. Stokes, 배우 겸 변호사인 켄트 길버트Kent S. Gilbert, 작가 마이클 욘Michael P. Yon, 미국 대학원생 제이슨 모건Jason Morgan 등을 지원하고 있다.[30]

〈표 1〉[31]을 보면, 《세이론》만 보더라도 이 시기부터 역사수정주의적 특집 기획을 쏟아낸 것을 알 수 있다. 내용으로 보면 함량 미달의 부정론이 반복되는 것에 불과했지만, 형식적으로 보면 "목소리 큰 쪽이 이긴다"를 매우 충실히 행동으로 옮기는 것이었다. 일본 국민들이 부정론에 익숙하게 하도록 의도된 것이다.

특집 기획의 제목에서 드러나듯이, 극우파가 피해자 위치를 점하고 있다는 점도 흥미롭다. '반격', '포위망', '대항', '반전 대공세' 같은 그들의 단어에서 드러나듯이 우파에 의하면 역사전쟁은 상대방이 건 싸움이다. 노가와 모토카즈能川元一에 따르면, 우파는 누군가의 사악한 의도와 모략에 대응해 일본군 '위안부' 문제에 대한 일본 정부의 책임과 해결 노력을 촉구하는 운동이 시작된 것으로 해석한다. 이런 우파의 피해의식이 한국과 중국이라는 외부의 적, 그와 연계된 내부의 적《아사히신문》과 일본의 '위안부' 문제 지원 시민운동에 대한 공격을 조장하고 있다.[32] 특히 2014년 8월 5일과 6일 아사히신문사가 자체 검증을 통해 제주에서의 조선인 여성 강제 연행을 증언했던 요시다 세이지吉田淸治 증언 관련 기사를 철회하자 《아사히신문》의 일본군 '위안부' 관련 보도 전체를 문제삼아 집중 공격이 이루어졌다.

일본 극우파들이 일본 역사전쟁에서의 승리를 확신한 대로 2011년부터 일본 역사교과서에서 '위안부' 기술은 완전히 사라졌다. 새역모 계열의 교과서가 2종(후소샤→지유샤, 이쿠호샤)으로 늘어났으며, 채택률도 2001년 0.039퍼센트에서 2005년 0.39퍼센트, 2011년 3.8퍼센트(이쿠호샤 3.7퍼센트, 지유샤 0.07퍼센트), 2016년 6.3퍼센트(이쿠호샤 6.3퍼센트, 지유샤 0.04퍼센트)로 증가했다. 반면 일본군 '위안부' 문제를 가장 충실하게 기술했던 일본서적(2005년 일본서적신사로 출판사명 변경) 채택률은 1996년 13.7퍼센트, 2001년 5.9퍼센트, 2005년 3.1퍼센트로 감소하더니 2011년에는 검정 신청을 포기했다.[33]

2014년 1월 17일 일본 문부과학성은 교과서 검정 기준을 강화하는 조치를 고시했다. "특정한 사실을 너무 강조하지 않을 것, 근현대사에서 통설적인 견해가 없을 경우는 그것을 명시하고 아동·생도에게 오해하지 않도록 표현할 것, 각의 결정, 기타 방법으로 제시된 정부의 통일적 견해와 최고재판소의 판례가 있을 경우 이에 기초한 기술을 할 것"이었다. 이것을 초등학교 사회과, 중·고등학교 역사·지리·공민에 적용한다는 것인데, 설령 일본군 '위안부' 문제가 기술되더라도 현재 일본 정부 등의 역사수정주의적 입장이 반영될 것임을 의미한다.[34]

2013년 교학사 교과서의 출판과 2015년 국정교과서라는 '백래시'는 한국의 뉴라이트가 벌이는 교과서 '반동'과 역사전쟁에 국한되지 않는다. 일본 우파의 역사수정주의/역사부정론이 상호 참조된 것이고, 더 나아가 글로벌 역사수정주의 흐름과도 맥이 닿아 있다.

　한국과 일본의 우파가 공통으로 삼은 목표는 한국의 '반일 내셔널리즘'의 활동을 크게 위축시키는 것이다. 그러나 아이러니한 것은 반일 내셔널리즘을 공격하는 한일 우파야말로 초국가주의적·국수주의적(울트라 내셔널리즘) 경향이 강하다. 정작 한일 우파가 공통적으로 공격하려 했던 건 '내셔널리즘'이 아니라 '반일'이다.

　2019년 한국 뉴라이트를 대변하는 이영훈과 낙성대경제연구소는 대한민국 위기의 근원으로 '종북'에 더해 '반일', 그것도 '우리 안의 반일'을 종족주의로 비난하며 정면으로 싸움을 걸고 있다. 그동안 뉴라이트는 식민지 근대화론의 시각에서 이승만 정권의 건국과 박정희 정권의 산업화를 긍정적으로 치우쳐 서술하고, 민주화에 대해서는 자유민주주의 관점으로 비틀면서 포획하더니, 드디어 친일파 청산의 기반인 반일 내셔널리즘에 대한 공격에 나서고 있다. 《반일 종족주의》가 선봉장이 되어 그 역할을 다하고 있다.

04 《반일 종족주의》의
방법과 논리

'반일 종족주의'란

《반일 종족주의》에서의 '반일 종족주의'란 무엇일까? 이영훈에 따르면, "돈과 지위를 최고의 가치로 여기는 정신문화가 물질주의"이며, "한국인의 정신문화는 물질주의에 포획되어" 있다. "물질주의는 거짓말에 대해 관대하다." "물질주의는 성적 쾌락을 추구하는 육체주의이기도 하다." "동원의 시대가 지나가고 자율의 시대가 열리자 물질주의가 국내외 정치로 표출된 것이 다름 아닌 종족주의다." "샤머니즘, 물질주의, 종족주의는 서로 깊이 통한다"(387쪽).

한마디로 요약하면, 거짓말 문화, 그리고 벌거벗은 물질주의와 육체주의가 특징인 샤머니즘에 긴박되어 있는 종족이거나 부족의 적대 감정이 이웃 일본으로 향한 것을 반일 종족주의라 한다. 그는 한국의 민족주의라 하지 않고 왜 종족주의라고 했는지 다음과 같이 자문자답한다. "한국의 '민족'이 그 자체로 하나의 권위이며 하나의 신분이어서 차라리 '종족'이다." 이것은 "자유롭고 독립적인 개인의 새로운 공동체 의식으로 등장한 서양에서 발흥한 민족주의와 구분된다"(21쪽).

그는 한국의 "반일" 감정을 문제삼는 것에 그치지 않고, 민족주의를 종족주의로 폄하하고 있다. 학계에서 논의되어왔던 종족 ethnic 용법은 이영훈의 시각에서 무시되었다. 그는 의도적으로 "종족이거나 부족tribe"이라고 그 둘이 마치 같은 것인 양 '퉁치기' 하면서 한국인에 대해 이웃을 불변의 악의 종족으로 적대하는 감정에 사로잡힌 부족, 미개한 집단심성과 정신문화를 갖고 있는 부족으로 단언하고 있다. 이렇게 보면 그는 부족주의tribalism를 종족주의라 하고 있다. 그러면서 한국의 학계 연구자들은 수많은 거짓말을 지어냈고, 그 거짓말이 다시 반일 종족주의를 강화했다고 주장하고 있다.

입맛 따라 고른 자료와 통계의 사실 왜곡과 혐오 표현

이영훈은 한국의 거짓말 문화를 입증한다면서 각종 통계와 수치를 나열한다. 표와 그림으로 수치를 보여주고 객관적 실증과학의 모양새를 취하며 이게 "기본 사실"이라고 주장한다. 이것이 수량 경제학적 방법으로 경제사를 연구하는 낙성대경제연구소의 방법이다.

그러나 통계와 숫자가 있는 그대로의 진실을 드러내는가? 하물며 이영훈 등이 그렇게 좋아하는 "기본 사실"이 넘쳐도 진실은 단번에 드러나지 않는다. 게다가 피해자의 증언이 객관적 사실이 아니어서 역사 자료로 인정되지 않는다는 곰팡내 나는 옛 실증사관에 대해서는 굳이 최신의 역사방법론을 논할 필요조차 느끼지 못한다. 역사를 부정하는 자들이 실증주의를 무기로 활용하는 건 어제 오늘의 일이 아니다. 아래로부터의 피해 증언을 부정하는 자들이 가해 사실을 (공)문서를 통해 실증주의적으로 입증하라고 요구하는 게 새삼스러운 일은 아니지 않은가?

백 번 양보해서 통계와 수치로 기본 사실을 논하는 방법에 국한하더라도 세심한 고려가 필요하다는 것을 강조하고 싶다. 누가 어떤 목적으로 자료(데이터)를 조사하고, 정의를 내리며, 어떤 항목 또는 범주로 구분하는가의 맥락, 다시 말해 통계적 지식 생산의 맥락을 고려해서 숫자를 이해하고 분석해야 한다. 예컨대, 조선총독부 통계연보의 통계치는 식민지 지식권력의 목적과 효과의 맥락에서 비판적으로 검토되고 분석되어 활용되어야 한다. 《반일종족주의》에는 불완전한 통계, 일부의 사례를 선별해 전체를 왜곡하는 방법, 통계치에 대한 자의적인 분석이 곳곳에 있는데, 이것을 기본 사실이라 전제하고 전개하는 주장은 과감하다 못해 왜곡으로 가득 차 있다. 애초 프롤로그에서부터 한국은 거짓말 나라고 한국인은 거짓말 국민이라는 엄청난 주장을 하면서 사실 근거로 삼고자 나열한 수치들은 이영훈 연구의 실증주의를 형해화하고 있을 뿐 아니라 극단의 목적론적 오류와 일반화의 오류로 뒤범벅된, 앙상하지만 추악한 모습을 드러내주고 있다.

구체적으로 이영훈은 한국과 일본의 여러 범죄 통계 가운데 유독 위증죄와 무고죄를 골라 비교하면서 말한다. "2014년에만 위증죄로 기소된 (한국) 사람이 1,400명입니다. 일본에 비해 172배라고 합니다. 인구수를 감안한 1인당 위증죄는 일본의 430배나 됩니다. 허위 사실에 기초한 고소, 즉 무고 건수는 500배라고 합니다. 1인당으로 치면 일본의 1,250배입니다"(10쪽).

한국에서는 조갑제가 즐겨 쓰던 수법이고, 일본에서도 이런 유형의 혐한 기사 보도가 많다. 위증죄와 무고죄 관련 한일 통계를 비교해 이것이 "한국이 세계 제일의 사기 대국이자 부패 대국이라는 증거"라 주장한다. 그러나 범죄학 관련 전문가들은 "각국의 범죄통계를 수집하고 분석하는 시스템이 다를 뿐 아니라 범죄의 구성요건이 각 나라마다 상이하기 때문에 국가 간 단순 비교는 한계가 있다"고 이구동성으로 말한다. 예컨대 한국과 일본의 사법체계에서 고소·고발의 접수에 대한 태도에 큰 차이가 있음을 감안해야 한다는 것이다. 한국은 고소·고발을 거의 무조건 받아준다. 고소·고발 절차가 매우 간소하고 고소·고발인의 편의를 받아주는 제도들이 갖춰져 있다. 반면에 상대적으로 개인 간 중재제도나 민사소송인을 위한 제도들은 미비하다. 이에 반해 상대적으로 일본은 고소·고발 접수가 매우 까다롭다. 일본 수사 당국은 형사범죄를 구성하기 어려울 것으로 보이는 미미한 사기, 횡령 등의 안건은 대개 접수나 수리를 하지 않는다고 한다. 그래서 고소·고발에 앞서 각종 중재제도와 민사를 이용하는 것이 일반적인 양태로 굳어졌다 한다. 정리하면, 일본에서는 형사 절차에 맡기지 않고 사인간 중재제도로 해결할 것을, 한국에서는 범죄로 고소·고발되고 수사 끝에 기소되며 유죄가 되기도 한다. 그래서 장재우는 다음과 같이 말한다. "한국의 사법체계에는 민사 대신 형사 고소를 유도하는 요소들이 많기에 고소가 과도하게 빈발한다. 이 과정에서 (국가에 따라 형사범죄가 아닐) 사기의 빈도가 높아지는 것은 물론이거니와, 무고나 위증의 빈도도 높아질 여지가 상당하다. 고소 절차와 수리가 용이하다보니 허위 고소, 무리한 고소가 덩달아 증가하고, 법정 다툼이 빈발하는 와중에 위증 역시 늘어날 소지가 커지게 된다." 장재우는 이영훈이 이렇게 국가 간 사법체계의 맥락을 무시하고 입맛에 맞는 자료와 통계만 골라 현실을 오도하는 것도 문제지만, "실로 악질적인 대목은 범죄통계로 '국민성'을 재단하는 행위 자체"라 말한다. 이런 행위가 온당하다면 인과관계를 뒤집은 민족·인종·여성 혐오 발언이 판을 칠 것이다.[35]

"목소리 큰 쪽이 이긴다. 떠들어라"

이영훈의 논리는 자기확증 편향에 빠져 있다. 그는 거짓말 정치의 예로 MBC PD수첩의 광우병 보도, 박근혜 대통령의 탄핵, 세월호 추모 천막의 "거짓말의 광란"을 들고 있다. "여성을 우습게 여기거나 비하하는 한국인의 집단심성이 만들어낸 거짓말"이라거나 "거짓말의 천막은 사람들을 겁박하고 있었습니다. …… 혼은 죽었는데 육체는 살아서 움직이는 좀비들이었습니다" 같은 표현으로 한국인들이 거짓말의 광란에 빠져 있다고 주장한다. 그는 역사학과 사회학이 거짓말 학문의 온상이며, 특히 한국 근현대사에 오면 거짓말이 횡행하고, 일본군 '위안부' 문제에 이르면 거짓말이 절정에 달한다고 주장한다. 최근 대법원의 강제 동원 판결에 대해서는 거짓말의 재판이라 단언한다.

한국이 거짓말 나라고 한국인이 거짓말쟁이 국민이라는 주장을 하기 위해서 나열한 저 논거들은 지극히 자의적이고 핵심에서 벗어나 있는 것들이며, 논리도 빈약하기 짝이 없다. 심지어 저런 거짓말을 하지 않는 한국인도 있다는 암시를 준다. MBC PD수첩과 세월호 천막에 욕을 하거나 탄핵된 박근혜 대통령을 옹호하는 사람들, 동시에 식민지 근대화론을 찬양하고 일본군 '위안부'의 강제 동원과 성노예제를 부정하는 사람들, 대법원의 강제 동원 판결을 비난하는 한국인들 말이다. 그리고 자신과 낙성대경제연구소 학자들은 "진정한 애국자"이고 기본 사실관계를 추구하며,

탈진실의 시대,
역사부정을
묻는다

어떤 억압에도 애국자로서 굴복하지 않겠다고 단언한다.

이런 대목에서 일본 극우파들의 방법과 논리가 오버랩된다. 그들은 사실을 뒷받침하거나 증거하는 자료가 있는지 묻지만, 핵심은 자료 여부가 아니라 프레임 싸움이다. 좀 저급하게 말하면 "목소리 큰 쪽이 이긴다"랄까? 역사적 사실에 대한 일본 극우파의 냉소주의(또는 리얼리즘)와 닮았다.[36] 다시 말해 "일단 역사적 사실이라는 것이 전혀 확실한 것이 아니며 거기에는 다양한 정치적 의도들이 작용하고 있다는 것을 보여줌으로써 역사에 대해 냉소적 태도를 취하게 만든다."[37]

새역모 회장이자 도쿄대 교육학과 교수인 후지오카 노부카츠는 자유주의사관연구회 시절부터 학생이 주체적으로 참가하는 토론식 역사수업을 강조했다. 그는 사회적 통념이나 당연시되는 역사인식에서 벗어나 사회 권위에 도전하는 인간을 기른다는 목표로 "러일전쟁은 필요했는가, 불필요했는가?", "한국합병은 불가피했는가", "대동아전쟁은 아시아 해방전쟁이었는가" 같은 논제를 던져 극우파의 견해를 상대화하고 합리화하려 했다. 이를 통해 교육자는 사실상 학생들에게 '불가피한 전쟁', '좋은 전쟁'도 있다는 생각을 갖도록 유도한다.[38]

사실은 차고 넘치지만 진실은 잘 드러나지 않는다는 말을 내세우며 일제의 식민지배와 침략전쟁에 대한 지배적인 역사인식도 진실이 아닐 수 있으니 토론을 통해 사실들을 확인하고 재구성해서 진실에 접근해보자고 말한다. 식민지배와 전쟁에는 피해자가 분명 존재하고 피해 사실들이 있지만 극우파들은 그 피해 사실과 다른 '팩트' 또는 '기본 사실'을 내세워서 마치 상반된 증거가 서로 공방하는 것처럼 '사실'을 상대화하고, 진실이 절대 오리무중일 수밖에 없는 것처럼 만들어버린다. 사실, 진실, 진실성을 말하면 "힙"하지 않거나 "팩트충"으로 혐오하도록 조장한다. 이런 상황에서 피해자와 피해 사실은, 존재함에도 소거되어버린다.

극우파 논자인 사세 마사모리佐瀬昌盛의 주장은 더 노골적이다. 아무도 100퍼센트 증명할 수 없으니 모든 사실은 논증 문제가 아니라 설득력 문제라고 말한다. 그는 끝없이 증거를 요구하라면서 "궤변일지라도 열심히, 목소리 높여, 나아가 확신적인 자기주장을 하는 것이 유리하다"고 말한다. 그렇게 "역사인식(을 둘러싼) 대일 포위망을 돌파하려는 전투야말로 역사전쟁"[39]이라고 주장한다.

이런 주장, 논리, 방법의 연원은 100년 전으로 돌아가 1919년에도 찾아볼 수 있다. 최우석에 따르면, '3·1운동' 직후 조선총독부 기관지 중 하나였던 영자신문 《서울프레스Seoul Press》는 그해 3월 20일 보도 기사에서 "평균적인 한국인들이 거짓말쟁이라는 것은 악명 높은 사실"이라든지 "한국인은 모든 종류의 소문을 제작하고 전파하는 데 능숙하다"는 식으로 매도했다. 이를 통해 한국인들이 보고 경험한 '3·1운동'의 전개 양상과 탄압 양상에 대한 이야기들을 전적으로 과장된 것, 거짓된 것으로 만들고자 하였다. 《서울프레스》는 여학생이 경찰서에서 고문당해 사망했다는 소식, 서대문감옥의 죄수들이 고문당해 사망했다는 소식도 모두 다 사실무근의 거짓말이라고 일축하고 있다. 한국인은 거짓말쟁이, 그 것을 믿고 외부로 흘린 선교사도 거짓말, 그것을 보도한 해외 언론도 거짓말이라며 '3·1운동' 탄압 양상에 대한 비판을 억누르려고 한 것이다.[40]

'식민지 조선인은 미개한 거짓말쟁이'라고 매도했던 100년 전 일제의 인식이 일본 혐한 언론과 한일 우파를 거쳐서 2019년에 이영훈의 말과 글을 빌려 재등장했다. 이영훈과 《반일 종족주의》 저자들은 한국의 반일 내셔널리즘을 반일 종족주의로 폄하하고 '친일 대 반일' 구도를 무너뜨리려 하고 있다. 그러나 그럴수록 '친일파' 올가미가 이영훈 등을 더 옥죄는 것은 아닐까? 그러니 한국의 반일 내셔널리즘을 눈엣가시로 보고 혐한했던 일본 역사 부정론자들도 이영훈 등의 '친일' 행위에 더 열광하는 것이다. 그 결과 아이러니하게도 '친일 대 반일' 구도는 그 어느 때보다 강고해지고 있다.

2부

《반일 종족주의》 주장을
비판한다

01 일본군 '위안부'는 '성노예'가 아니라 돈 잘 버는 '매춘부'였다고?

《반일 종족주의》에는 '위안부' 문제에 대해서 이영훈이 쓴 〈우리 안의 위안부〉, 〈공창제의 성립과 문화〉, 〈일본군 위안부 문제의 진실〉과 주익종이 쓴 〈해방 40여 년간 위안부 문제는 없었다〉와 〈한일관계 파탄나도록〉 등 총 120여 쪽 분량 5편의 글이 실려 있다. 이영훈은 일본군 '위안부' 문제를 "종족주의의 아성"으로 꼽았고, 책의 클라이맥스에 배치했다.

이 책에서는 2004년 MBC 심야토론에 나가 일본군 '위안부'를 상업적인 목적의 공창 매춘부라 했다가 여론의 질타를 받고 '나눔의 집'에 찾아가 '위안부' 피해자들에게 공식 사과를 했던 이영훈의 모습을 찾아볼 수가 없다.

그는 2007년 《대한민국 이야기》(기파랑)를 출간했다. 여기 실린 〈일본군 위안부 문제의 실체〉와 〈그날 나는 왜 그렇게 말했던가〉

에서 자신이 생각하는 일본군 '위안부' 문제에 대한 이해와 입장을 밝혔고, 2004년의 일의 경과에 대해 해명했다. 이 책은《해방 전후사의 재인식》(2006)을 해설하는 강의록 형식을 취했지만, 사실상 이영훈이 자신의 역사관에 맞추어 다른 저자의 글들을 "재해석"한 것이었다. 다만 일본군 '위안부' 주제에 대해서만큼, 뉴라이트 관점으로 풀어낸 다른 주제들에 비하면, "국내외 통설을 대변하는 학설을 채택하여 위안부 문제의 역사적 성격에 관한 입장을 설명했다"고 한다. 그러나 그 이후, "12년 연구 끝에" 일본군 '위안부' 문제에 관한 그의 입장은 완전히 바뀌었다.

'위안부=성노예설' 부정의 배경

그 계기가 무엇이었는지 이영훈 스스로 밝힌 바 있다. 그는 태평양전쟁 말기 일본 군인이나 노무자로 다녀온 50여 명과 인터뷰하면서 그들의 기억 속에 있는 '위안부'에 대해 청취했다고 한다. 아울러 조선시대 노비제를 연구하면서 기생제의 실태와 본질에 대해 공부했고, "기생제야말로 군 위안부제의 역사적 원류구나, 라는 생각을 하게 되었다" 한다. 또한 고문서를 조사하다가 1943~44년 버마와 싱가포르에서 일본군 위안소의 관리인으로 일했던 박치근의 일기를 발굴하여 번역, 출간하면서 "위안소의 여인들이 폐업의 권리를 보유했다는 매우 놀라운 사실을 확인했다"고 주장한다. '위

탈진실의 시대,
역사부정을
묻는다

안부' 피해자 문옥주의 회고록에서도 이를 확인했고, "일본에서 이루어진 근대 공창제 및 위안소제에 관한 주요 연구 성과를 모두 입수하여 세밀하게 검토"한 결과 "일본군 위안부제는 근대 일본이 운용한 공창제의 일환이었다"는 사실을 깨달았다고 밝힌다.

마지막으로 그에게 "결정적으로 영향을 미친 것은 1964~67년에 작성된 서울대학교 보건대학원 학생들의 민간 위안부와 미군 위안부의 생활실태에 관한 석사학위 논문들"이었고, "대한민국 정부가 매년 작성한 〈보건사회 통계연보〉를 검토한 결과 해방 후에도 위안부제가 존속했음을 확인할 수 있었다"고 한다. 다시 말해 "일본군 위안부제도는 1937~45년만의 일이 아니며, 해방 후 민간 위안부, 한국군 위안부, 미군 위안부의 형태로 일제하보다 훨씬 많은 여인들이 위안부로 존속했으며, 그들의 위생상태, 건강상태, 소득수준, 포주와의 관계 등은 공권력의 보호를 받지 못하는 가운데 일본군 위안부들보다 훨씬 참혹했다는 사실을 알게 되었다"는 것이다.[1]

이 사실은 저로 하여금 일본군 위안부 문제를 15세기까지 거슬러 올라가 국가에 의한, 지배신분에 의한, 가부장에 의한, 남성에 의한 여성의 성에 대한 약취의 역사를 전면적으로 재정리하는 가운데 그 역사적 위상을 올바로 재정립할 필요가 있다는 연구 과제를 절감하게 해주었습니다. 그래서 우선 일차로 이번에 출간한 《반일종족주의》란 책 제3부에 실린 3편의 논문을 작성하게 된 것입니다.

연구자에게 "당신 왜 변했어"라고 묻는 것은 옳지 않다고 생각합니다. …… 변화하지 않는 연구자는 진정한 의미의 연구자가 아닐지도 모릅니다. 다만 변하는 과정을 세밀하게 기록하고 밝힐 필요가 있습니다. 그것을 숨겨서는 곤란합니다. 남에게 혼란을 주기 때문입니다. 무슨 정치적 의도가 있는가, 라는 오해도 받을 수 있습니다. 저는 이번 책에서 제가 변하게 된 사정을 자세하게 설명했습니다. 예전에는 요시미 교수의 성노예설을 채택했는데, 이제 보니 문제가 많다, 일본군 위안부는 기본적으로 폐업의 권리와 자유를 보유했다, 그런 이유에서 성노예로 규정될 수 없다, 요시미의 학설은 틀린 것 같다는 저의 새로운 입장을 분명히 밝혔습니다.

아마 위안부 성노예설을 국내에서 공개적으로 부정한 연구자는 제가 최초가 아닌가 생각합니다. …… 박유하 교수가 재판부에 제출한 방대한 자료를 검토하면 위안부를 관헌이 끌고갔다는 통념은 일본에서는 부정된 지는 이미 오래고, 국내에서도 더 이상 그렇게 강하게 주장하는 연구자가 없어진 실정임을 알 수가 있습니다. **저는 박유하 교수의 뒤를 이어 위안부=성노예설을 부정한 최초의 연구자가 된 셈입니다.**

이 두 새로운 학설과 주장으로 일본군 위안부 문제에 관한 재검토는 거의 불가피해졌다고 생각합니다. 저를 여기까지 이끌어온 것은 오로지 사료에 충실하여 역사의 실태를 있는 그대로 밝힌다는 연구자의 기본 자세, 그것 이상도 이하도 아닙니다.[2]

탈진실의 시대,
역사부정을
묻는다

연구자의 관점과 주장의 변화 계기에 대한 평가는 중요하다. 이영훈 스스로 말한 것을 액면 그대로 일단 인정하더라도, 언급된 자료와 연구들이 연구자 입장의 변화에 어떤 작용을 했는지 확인하는 것은 필요해 보인다.

이영훈은 주로 하타 이쿠히코秦郁彦의 《위안부와 전장의 성》(1999)과 박유하의 《제국의 위안부》(2013) 정도를 자신의 일본군 '위안부' 선행 연구로 인정한다. 하타 이쿠히코는 일본 극우파가 그나마 학술적으로 내세울 수 있는 군대 및 전쟁 연구자로, 아베 총리와 일본 극우파의 이론적 스승으로 알려져 있다. 그는 일찍부터 제주도에서의 '위안부' 강제 연행을 고백한 요시다 세이지吉田淸治 증언의 신빙성을 비판했다.[3] 그의 작업은 2014년 6월 아베 정부의 '고노 담화'의 검증, 그해 8월 아사히신문사가 스스로 "제주도에서의 연행 증언" 기사를 허위로 결론 내고 취소하는 '검증' 사태를 만들어내는 데 크게 기여했다. 그런 하타 이쿠히코의 주장을 나가이 카즈永井和 교수는 다음과 같이 정리한다.[4]

① 일본군 위안소가 군의 요청에 따라 만들어졌더라도 기본적으로는 민간의 매춘시설이며, 마치 문부과학성 건물 안에 민간이 경영하는 직원식당처럼 군이 필요로 하는 서비스를 제공했을 뿐이다. 당시는 공창제도가 존재했고, 매춘은 공인되었으며, 합법이었다. 위안소는 전쟁 지역과 점령지로 확대된 공창제도여서 위법한 것이 아니다.

② 이런 전제에서 일본군은 전쟁 및 점령 지역에 설치된 민간의 공창시설(위안소)의 이용자에 불과했고, 군의 관여가 있었다 해도 전쟁 지역이라는 특수 상황에서 공창제도 및 시설을 유지하는 데 필요한 조치였으며, 대체로 업자가 위법한 행위를 하지 못하도록 단속했다는 거다. "좋은 관여"다.

③ '위안부'는 자신의 의사에 의해 취업한 것이고 성 노동에 대해 높은 수입을 얻었으므로 성노예가 아니다. 팔려온 자가 있어도 그것은 합법적 계약에 의한 것으로 그건 본인도 납득한 것이다. 나쁜 업자에게 속아 유괴되거나 납치된 여성이 있었을지 모르나 그것도 민간업자의 범죄 행위이지 군에게 책임을 물을 수 없다.

④ '강제 연행'(관헌이나 군에 의한 조직적 인간사냥식의 연행)을 지시한 공문서는 발견되지 않았다. 강제 연행과 관련해 여자정신대와 '위안부'는 다른데, 한국에서는 이를 혼동하고 있다. 조선에서 여자정신근로령이 적용되지 않았지만, 관의 지도 알선으로 조선의 여자정신대를 동원했다.

하타 이쿠히코는 범죄의 책임을 묻는다면, 군 '위안부'를 모집한 민간업자에게 물어야지 국가(정부)나 군에게 물을 수 없다고 주장한다. 군 하부조직에서 인간사냥식의 강제 연행 사례가 있다면, 그건 하부조직과 장병 개인에게 물어야 한다는 것이다. 나가이 카즈는 하타가 '일본군 무죄론'을 의도하고 구성했다고 평가한다. 이영훈도 이런 주장의 대부분을 유사하게 반복한다.

① 일본군 위안부제는 합법적인 민간의 공창제가 군사적으로 동원되고 편성된 것이다. 군 직영 위안소가 있었지만, 대부분 군이 민간 업소를 군 전용 위안소로 지정해 세밀하게 관리했다.

② "군의 요청"에 그친 것이 아니라 군이 위안소를 관리통제했다. 그러나 군의 관리가 엄격하여 업주의 중간착취는 통제되었다.

③ '위안부' 업은 '위안부' 개인의 영업이었고, 고수익, 고노동, 고위험이었다. '위안부'는 자기 폐업의 권리와 자유를 가졌으므로 성노예가 아니었다.

④ 강제 연행과 관련해 문서로 방증되지 않은 '위안부' 피해자의 '강제 연행' 증언은 사료로 인정되지 않는다. 유괴나 취업 사기는 있었겠지만, 노예사냥이 아니므로 강제 연행은 없었다. 한국에서 '위안부'와 여자정신근로대를 혼동하고 있다. 여자정신대로 동원돼 '위안부'로 간 사례는 단 1건도 없다.

하타 이쿠히코가 일본군 무죄론을 구성한 것이라면, 이영훈의 의도는 어디로 향하고 있을까? 이영훈은 일본 국가와 군은 물론,

업자에게조차 법적 책임을 추궁하지 않는다. 그보다 업자에게 조선의 여성(딸)을 방매한 호주제 가부장과 빈곤계층의 미성숙한 가정윤리에 책임을 전가한다. 더 나아가 '위안부' 피해자를 '한국정신대문제대책협의회'(이하 정대협)가 조종하고 있다고 주장하면서 정대협을 한국의 반일 종족주의로 낙인찍고 엉뚱한 분노를 터뜨린다.

이영훈'들'에게 일본군 '위안부'란

하타 이쿠히코의 주장은 20년 동안 반복되어왔다. 그의 주장은 이영훈 등 한국의 뉴라이트에 의해 반일 종족주의 프레임으로 각색되어서 비틀리고 앙상한 주장과 왜곡된 논리들로 펼쳐지고 있다. 이를 비판적으로 반박하는 자료와 논거, 주장은 수두룩하다. 20년 넘게 일본 극우파가 역사부정론의 시각으로 왜곡시킨 '팩트'를 실증주의로 포장해 투척하면, '위안부' 피해자와 함께하는 연구자나 지원 단체들은 '팩트 체크'를 통해 반박해왔다. 이영훈의 주장에 대한 비판은 기존 팩트 체크와 역사부정론 비판의 내용만으로도 충분하지만, 이번 기회에 그 팩트 체크 내용의 폭과 깊이를 더하면서 새로운 논의의 물꼬도 터야 한다고 판단한다.

일본군 '위안부'에 대한 이영훈의 주장을 요약하면 다음과 같다.

탈진실의 시대,
역사부정을
묻는다

일본군 '위안부'는 강제 연행되지 않았고 공창제의 합법적 테두리 안에서 자기 영업과 '자유 폐업'을 할 수 있는 돈벌이가 좋은 매춘부였지 성노예가 아니었다.

02

유괴나 취업 사기는 있지만, 노예사냥과 같은 강제 연행은 없었다?

유괴도 불법적인 강제 동원

업자 선정부터 조선군사령부가 감독

이영훈이 강제 동원이라 말하지 않고 "노예사냥과 같은 강제 연행"이라고 한 것은 2014년 8월 《아사히신문》에 의한 '위안부' 보도 기사 검증으로 요시다 세이지 증언이 철회되어 허위가 되었다는 걸 다분히 의식한 표현이다. 즉, 요시다가 증언했던 강제 연행은 당시에 없었고, 이를 발판으로 한 강제 동원도 없었다고 주장하기 위해서다. 그런데 가해자로서 '위안부' 모집에 나섰던 요시다의 증언이 허위가 되었다고 해서 '위안부' 피해자들의 강제 연행 관련 증언들도 모두 허위가 되는가? 궤변이다.

유괴도 불법적인 강제 동원

하타 이쿠히코와 이영훈은 "궤변일지라도 열심히, 목소리 높여, 나아가 확신적인 자기주장"을 해서 자신들에게 유리하도록 사실을 상대화하는 데 능숙하다. 강제 연행을 지시한 공문서가 없다는 주장은 홀로코스트 부정론에서도 종종 나타나는 '부정의 실증주의' 방법을 전가의 보도처럼 휘두르는 것이다. 히틀러의 지시를 입증할 공문서를 찾지 못하면, 홀로코스트는 없었던 일이 되는가? 이승만 대통령이 보도연맹원들을 학살하라고 지시한 공문서를 찾지 못하면, 보도연맹원 학살이 없었던 일이 되는지 반문해보면, 이런 주장이 얼마나 궤변인지 알 수 있다.

접근을 달리해보자. '강제'란 본인의 의사에 반하는 행위를 시키는 것이다. 본인의 의사에 반해 연행하면 강제 연행이고, 그렇게 동원하면 강제 동원이다. 전쟁 전 일본 형법 제33장 제226조에 따르면, 본인의 의사에 반해 폭행이나 협박을 수단으로 여성을 지배하에 두면서 동원해 국외로 이송하면 국외이송 목적 약취죄略取罪였다. 뿐만 아니라 감언과 취업 사기 등으로 속여 여성을 동원해 국외이송하면 국외이송 목적 유괴죄誘拐罪였다. 노예사냥 같은 강제 연행은 약취죄 사례에 해당한다. 유괴도 불법적인 강제 동원이다.[5]

요시미 요시아키吉見義明 교수에 따르면, 국외이송 목적 유괴죄를 처벌하도록 한 1937년 3월 5일 자 대심원(한국의 대법원에 해당)

판결 사례가 있다. 1932년 상하이에 해군 위안소를 만들기 위해 업자가 나가사키에서 감언과 취업 사기로 여성들을 데리고 와서 1년 정도 위안소에 붙잡아두었다. 감언과 취업 사기의 내용은 "병사 상대의 식당", "일본군의 주보(매점) 같은 곳에서 물건 판매", "상하이 요리점의 여급 또는 하녀", "해군 지정 위안소로서 수병 또는 사관을 상대하는 카페" 일이라고 속였고, 수입이 많다고 했다는 것이다. 이것을 두고 지방법원, 항소원, 대심원 모두 업자 및 알선인에게 국외이송 목적 유괴로 유죄를 판결했다. 그러나 요시미 교수는 이 형법 226조가 적용된 사례가 1937년 7월 중일전쟁이 시작된 이후 없었을 것이라고 판단한다.

실제로 '난징 대학살'(난징 강간) 이후 군의 요청(상하이 육군특무기관, 헌병대, 일본 총영사관의 합의)으로 업자가 군 '위안부' 등의 "모집"에 나섰고, 1937년 말과 1938년 초 일부 업자가 일본에서 부녀자들에 대한 국외이송 목적 유괴죄로 경찰에 체포되었지만, 곧 석방된 일이 있었다. 군의 요청으로 업자들이 움직였다는 것을 경찰은 공식 확인했다. 이 상황에서 경찰과 군은 곧바로 교통정리에 나섰다. 1938년 2월 23일 자 내무성 경보국의 통첩 '지나 도항 부녀의 취급에 관한 건', 1938년 3월 4일 자 육군성이 북지나 방면군 및 중지나 파견군 앞으로 보낸 '군 위안소 종업부 등 모집에 관한 건'은 이를 잘 보여준다. 이 지시들은 종합해보면, 얼핏 업자의 "모집" 행위, 특히 약취와 유괴 등의 방법에 대해 "엄중히 단속하라"고 말하고 있지만, 실상은 군의 요청을 받은 업자의 "군

'위안부' 등 모집"을 공식적으로 승인하고 있을 뿐이다. "군의 위신(체면)"을 생각해 업자의 "선정을 주도적절하게 하고", "그 실시를 관계 지역 헌병 및 경찰 당국과의 연계를 밀접하게 하여" 사회문제를 일으키지 않도록 지시하고 있다. 그 과정에서 설령 약취나유괴 방법이 사용되었더라도, 엄벌에 처하라는 내용은 그 어디에도 없다.[6]

업자 선정부터 조선군사령부가 감독

이 지시가 식민지 조선에서는 어떻게 실시되었는지 일본 공문서로는 확인할 길이 없다. 다만, 연합군 문서(3부에서 상술)와 고노담화에 따르면, 식민지 조선에서도 업자의 선정부터 강제 동원에이르는 업무를 조선군사령부가 감독했고, 모집 지역의 경찰과 지방 말단기구의 관헌도 이에 가담했다. 경성은행을 통해 군 '위안부' 동원을 위한 자금 송금에도 직접 관여했던 조선총독부가 군의공식적인 의뢰를 받은 업자들의 군 '위안부' 모집을 단속하고 처벌할 가능성은 없었다.[7]

이와 관련해 흥미로운 사례가 있다. 일제 경찰이 농촌 부녀자를감언이설로 유괴한 악덕 소개업자 45명을 체포할 것이라는《동아일보》 기사(1939. 8. 31)가 있다.[8] 일본 극우파는 이 기사를 인용해일본 경찰이 여성의 의지에 반하여 '위안부'가 될 것을 강제한 업자를 단속했다고 주장한다. 요시미 교수는 이 기사가 형법상 국외 이송 목적 유괴죄에 해당하는 범죄를 경찰이 단속했다는 것을 보여준다고 주장한다. 그럼에도 불구하고 약취·유괴와 인신매매에 의해 조선에서 국외로 이송된 군 '위안부'가 다수 발생한 것은 어떻게 설명할 것이냐고 반문한다. 그에 따르면, 이 기사는 군이나 경찰이 선정한 업자가 군 '위안부'를 모집할 때에는 묵인되었고 그 외의 경우에는 적발했음을 반증하고 있다.[9]

군이 '위안부'의 "모집"을 업자에게 지시하거나 요청했다면, 그리고 업자가 약취나 유괴, 인신매매의 방법으로 여성들을 군 '위안부'로 강제 동원했다면, 이에 대해 경찰과 관헌이 가담했다면, 일본 정부와 군은 법적 책임을 업자에게 전가하는 방식으로 회피할 수는 없다.

게다가 일본군 '위안부' 제도가 성노예제라는 것과 군 '위안부'의 강제 연행(또는 강제 동원)은 서로 분리해서 생각할 필요가 있다. 강제 연행이 아니었더라도 성노예제에 편입될 수 있다. 성노예제의 본질은 일본군 '위안부'가 어떤 목적과 방법으로 끌려왔든 자유 또는 자율성이 심각하게 박탈된 상태에서 성행위를 강요받은 것에 있다.

2007년 6월 14일 일본 극우파가 조직한 '역사사실위원회'는 《워싱턴포스트》지에 〈The Facts(사실)〉라는 광고를 실어서 '위안부'가 성노예가 아니며 강제 연행도 없었다고 선전했다. 이것이 도리어 미국인들의 반발을 샀고, 영화 〈아이 캔 스피크〉에서 보았듯이, 미국 하원은 일본 정부에게 구일본군이 여성들을 성노예제로 강제했다는 사실을 명확하게 인정하고 사죄할 것을 권고하는 결의안을 채택했다. 이와 관련해 부시 정부에서 국가안전보장회의 NSC 아시아 담당 선임보좌관 역임한 마이클 그린 교수는 다음과 같이 말했다.

> (일본군 '위안부'들이) 강제로 당했는지 어떤지는 관계없다. 일본 이외에는 누구도 그 점에 관심이 없다. 문제는 위안부들이 비참한 일을 당했다는 것으로, 일본 정치가들은 이 기본적인 사실을 망각하고 있다.[10]

탈진실의 시대,
역사부정을
묻는다

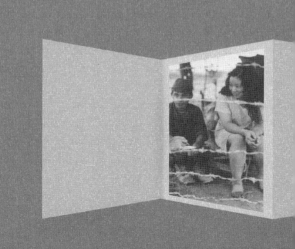

03

민간의 공창제가 군사적으로 동원되고 편성된 것이니 합법이다?

극우파들의 공창제 소환

한일 우파들이 일본군 '위안부' 제도의 성격을 둘러싼 역사전쟁에서 자꾸 공창제를 소환하는 것은 강제 동원과 성노예제를 부정하기 위해서다. 그들은 '위안부'가 공창제하 자발적인 '접객 여성'(창기, 예기, 작부, 여급 등)이었고 돈을 많이 벌었으며 심지어 부도덕하다고 공격한다. 성적 폭력과 관련해 피해자에게 죄책감과 수치심을 전가하는 수법이다.

과거에는(지금도 일부는) 그런 공격에 대해 일본군 '위안부' 제도와 공창제는 차별적이라는 반론을 펼쳤다. 이런 반론은 의도치 않게 언론과 대중의 관심 속에서 접객 여성이 아닌 성적 경험이 없는 여성(또는 소녀)을 '위안부'상으로 부각시키게 되었다. 또한 이

것이 민족(차별) 변수를 강조하는 것과 맞물리면서 일본인 '위안부'와 조선인 '위안부'를 구별—또한 의도치 않게 차별—하게 되는 역효과가 발생했다. 본토 일본인과 달리 조선에서는 가난하고 더 어린 여성이 '위안부'로 강제 동원되었다는 내용 자체는 당시 일본 정부와 군, 총독부가 식민지배라는 조건을 활용해 정책으로 추진했던 결과이므로 역사적 사실에 부합한다. 그러나 그것만 강조하다보면, 순수(성적 경험이 없는 여성) 피해자와 불순(접객 여성) 피해자를 가르는 차별 효과도 발생하게 된다. 극우파들의 공창제 소환은 결과적으로 그 사이를 갈라 치고 반목하게 만들었다.

2000년대 들어서면서 한편으로 무력 갈등·분쟁 지역에서 벌어지는 성폭력에 대한 전 세계의 연구 성과들이 소개되는 한편 성매매·성폭력에 대한 국내 연구 성과들이 집적되면서 일본군 '위안부' 제도를 두고 '성노예제 vs. 공창제'라는 양자택일의 구도를 넘어서려는 연구들이 등장했다. 더 정확히는 근대 공창제 연구, 일본의 공창제와 식민지(조선, 대만) 공창제 연구가 한국과 일본에서 진행되고 있다.

민간의 공창제와 군 '위안부' 제도의 관계

이러한 연구들은 군 '위안부' 제도가 완전히 새로운 발상으로 기획된 것이 아니라 식민지 공창제를 모델로 하되 더 억압적으로 변

탈진실의 시대,
역사부정을
묻는다

형시킨 것이라는 점, 여성 본인의 의사에 반하는 강제 동원이 광범위하게 이루어졌고 공창제라서 무조건 합법인 게 아니라 당시 일본 형법과 국제법에 비춰 보더라도 불법이라는 점, '위안부'제도의 운영과 '위안부'의 생활이 성노예와 같았다는 점, 더 나아가 식민지 공창제뿐 아니라 일본 본토('내지') 공창제 역시 성노예제의 관점에서 재해석할 수 있다는 점을 분명히 했다. 이 연구들은 공창제와 '위안부'제도의 연속과 단절을 비교역사적인 방법과 이론으로 분석했고, 이 주장들을 뒷받침하기 위한 문헌, 문서와 구술 자료들도 쌓이고 있다.

이러한 내용을 바탕으로 이영훈의 주장을 비판적으로 검토해 보자. 그에 따르면, 군 '위안부'제는 일본과 식민지 조선의 공창제가 군사적으로 동원되고 편성된 것이다. 이 부분은 하타 이쿠히코의 주장과 차이가 있다. 하타는 군의 관여를 최소한의 것으로 덮고 일본군 무죄론을 주장했다. 하타의 표현을 빌면, "보이스피싱이나 구리 절도의 횡행에 대해 경찰의 책임을 묻는 것과 동렬(같은 수준)의 방식"이라 하여, 일본군의 책임을 극소화하려 했다.[11] 이와 달리 이영훈은 군의 부속시설로서 위안소가 설치되었고 그 운영은 군의 세밀한 통제하에 놓였다는 것을 분명히 인정한다(300, 302쪽). 그러나 이영훈은 공창제를 창기 등 '접객 여성'이 합법적으로 자기 영업하고 폐업할 수 있는 제도 정도로 이해하고 있고, 그 연장에서 군 '위안부'제도는 합법이고 성노예제가 아니라고 주장한다. 그러니까 그는 합법적인 민간의 공창제가 군사적으로 동원되고 편성된 것이 군 '위안부'제인 것이고, 군이 세밀하게 통제하면서 운영에 관여했다는 것을 강조하고 있다. 이런 주장은 하타가 주장하는 일본군의 '좋은 관여론'과 일맥상통한다. 업자가 위법한 행위를 하지 못하도록 단속했다는 것, 이영훈식으로 표현하자면, '위안부'에 대해 "군의 관리로 업주의 중간착취를 통제했다"는 주장으로 연결된다. 이 논리는 다시 '위안부'가 돈을 벌었다는 주장으로 비약된다.

그러나 공창제는 합법적인(법적으로 허용된) 성매매를 뜻하는 것이 아니다. 공창제는 치안 유지, 풍기 단속, 성병 예방을 목적으로 "국가가 여성의 신체와 생활을 구속하고 관리하는 성매매제도"를 의미한다.[12] 일제의 공창제와 사창 관리를 연구한 박정애에 따르면, 공창제 관리의 운용과 효과는 합법과 불법을 넘나들었다. 일본의 공창제 시행으로 창기와 예기 등 접객 여성의 소개업도 국가에 의해 인정되고 관리되었다. 그리고 공창제하에서 소개업은 필연적으로 인신매매가 조장되는 환경을 만들었다.

1929년부터 아시아 지역의 여성·아동매매의 실태조사를 수행하고 1933년에 보고서를 제출한 국제연맹 여성·아동매매조사단은 일본의 인신매매 실태에 대해 다음과 같이 언급했다 한다. 일본에서 가장 놀란 것 중 하나가 예·창기 소개업이 공인되어 있는 일이며, 이 때문에 업자들은 비합법적 방법으로 여성매매를 하지 않아도 됐다고 말이다. 일본 정부는 국제연맹 조사단에게 공창제가 창기의 자유로운 계약 행위에 따른 것이기 때문에 인신매매제도가 아니라고 강변했다.

  업자의 불법행위는 약취·유괴죄나 국외이송 유괴죄로만 따져 물었다. 일본 형법에 인신매매가 범죄화된 것은 2005년의 일이었다. 게다가 호주가 가계 구성원에 대해 법적 대표성을 띠는 호주제하에서는 여성이 법적 주체가 될 수 없었다.[13] 국제법의 적용에서 벗어난 식민지 조선의 공창제와 소개업은 인신매매 메커니즘에 거의 속박되어 있다고 볼 수 있다. 이런 인신매매를 두고 한일 우파는 업자와 여성(또는 여성의 호주) 간의 자유로운 계약이라고 주장하고 있는 것이다.

'위안부' 개인의 영업이었고, 자유 폐업의 권리와 자유가 있었다?

본토에서도 유명무실했던 '자유 폐업' 규정

최전선 지역에서 자유 폐업은 허구

이영훈의 핵심 주장 가운데 하나가 '위안부'의 '자유 폐업'[14] 권리
이다. 아이러니하게도, 한때 군 '위안부'제를 공창제와 차별적이
라고 주장하는 연구들은 공창제하 창기는 자유 폐업의 권리가 있
었지만 '위안부'는 자유 폐업할 수 없었다는 것을 논거로 들었던
적이 있다. 그런데 이영훈은 군 '위안부'제가 공창제로부터 나왔
으니 창기처럼 '위안부'도 자유 폐업 권리가 있었다면서 그런 사
례들이 많다고 주장한다. 예컨대 그는 《일본군 위안소 관리인의
일기》에 나오는 싱가포르 사례와 문옥주의 사례를 든다. 이영훈
이 '위안부' 스스로 폐업할 수 있었다고 주장하는 의도는 분명하
다. 군 '위안부'제가 성노예제가 아니었다고 주장하기 위해서다.
그는 '위안부'가 "절망적인 감금상태"에 있던 것도, "무권리의 노
예상태"에 처했던 것도, "선택의 자유가 전혀 없었던 것"도 아니

라고 말하면서 "직업으로서 위안부는 위안소라는 장소에 영위된 위안부 개인의 영업이었다"고 주장한다(325~328쪽).

본토에서도 유명무실했던 '자유 폐업' 규정

일본 본토 공창제에는 창기에게 자유 폐업을 할 수 있도록 하는 규정(1900년 내무성의 '창기취체규칙')이 있었던 것은 분명한 사실이다. 일본 내 '폐창운동'(공창제 철폐운동)의 영향으로 1900년 일본 정부가 본토에 적용하는 창기취체규칙(창기를 단속하는 법규)을 만들 때 '자유 폐업' 규정을 넣었다. 창기는 구두(말)로나 우편으로 경찰에 폐업계를 낼 수 있었고, 경찰이 폐업계를 수리할 때 창기 명부에서 해당자를 삭제하도록 했다.

그러나 선금('전차금') 때문에 '자유 폐업' 규정은 현실에서 작동하기 어려웠다. 창기는 대개 그런 규정이 있다는 것을 몰랐다. 설령 알고 있더라도 창기가 그것을 실행에 옮기기는 거의 불가능했다. 우선 창기가 경찰에 폐업을 신고할 때 업자 등의 방해가 매우 심했다. 만일 누군가의 도움을 받아 운 좋게 신고해 폐업계가 수리되었다고 해도, 이번에는 업자가 민사재판을 걸어 선금을 돌려달라고 요구한다. 선금을 성판매로 갚도록 하는 계약은 당시 일본 민법상으로도 위법이었다. 그러나 재판소는 이 계약을 형식상 창기가업 계약과 금전대차상의 계약으로 나누어 전자는 위법이지만 후자는 유효하다며 결국 선금 반환을 명령하는 판결을 내렸다. 따라서 돈을 갚을 수 없는 창기는 공창제의 구속으로부터 벗어날 수 없었다.[15]

무엇보다도 식민지 조선에서는 창기의 자유 폐업 규정이 없었고, 업자의 폐업 권리만 규정되었다.[16] 조선총독부가 1916년 식민지 조선에 시행한 창기 단속 규정('대좌부창기취체규칙')은 앞서 언급한 1900년의 법규가 아니라 그 이전인 1896년의 법규에서 가져왔던 것이다. 따라서 공창제에서 자유 폐업 규정은 사실상 인신매매로 공창에 흘러들어온 창기가 자유 의지에 의해 업자(포주)와 맺은 계약이며, 창기는 자발적으로 돈을 버는 주체라는 이미지를 만드는 것에 불과했다고 본다. 이처럼 그 규정 이면의 실상을 고려할 때 식민지 조선의 공창제는 물론 일본 본토 공창제도 성노예제 차원에서 접근해 새롭게 분석해야 하지 않을까?

현재의 성매매 산업에 종사하는 성판매 여성도 본인의 의사가 무시된 채 인신매매에 의해 선금에 얽매여 업자 및 포주에게 구속되어 '사실상의 성노예'로 간주되는 게 상식이다. 이러한 사실은 1920~30년대에도 지적되고 있었다. 예를 들면, 1924년 1월 와세다대학 아베 이소安倍磯雄 교수 등은 〈공창제도 폐지 청원서〉를 제출해 "공창제도는 사실상 전율스런 인신매매와 참담한 노예제도를 동반한, 벗어날 수 없는 나쁜 제도"라고 주장했다. 가나가와현 의회도 1930년 12월 결의에서 "공창제도는 인신매매와 자유 구속이라는 2대 죄악을 내용으로 하는 사실상의 노예제도"라

고 주장했다.[17]

그러나 이영훈은 그와 정반대로 주장한다. 공창제하 창기가 자유 폐업이 가능했던 것처럼 공창제를 군사적으로 편성한 군 위안소의 '위안부'도 자유 폐업이 가능했고, 실제 그런 사례들도 있으니 '위안부'는 성노예가 아니었다는 것이다. 이영훈은 창기와 군 '위안부'에 대해 자유 의지, 자유 계약, 자유 폐업 같은 것을 부각시키면서 '자발적으로 돈을 버는 매춘부'의 이미지를 덮어씌우려 한다. 그러나 그건 공창제와 군 '위안부'제의 본질을 비역사적으로 왜곡하는 것이다. 이영훈이 사례로 동원한《일본군 위안소 관리인의 일기》에 나오는 싱가포르 기쿠수이클럽의 경우 폐업하고 여행 허가를 받아서 귀국하는 '위안부'들이 절반을 넘기는 했다(319쪽). 그런데 일기로만 보면 폐업조건이 확인되지 않는다. 이영훈의 말대로 선금을 모두 상환하고 계약 기간이 다 되면(보통 2년) 폐업하는 사례가 없지 않았겠지만, 이 사례가 오히려 일반적인지 예외적인지 확인되어야 한다. 또한 이영훈은 1943년 후반에 일본군이 부채를 다 변제한 '위안부'는 귀국할 수 있다는 명령을 내렸고, 일부가 돌아갔다는 미군 심문보고 자료를 근거로 삼기도 한다(316쪽). 게다가 '위안부' 피해자 문옥주 회고록의 증언도 일부 선별해 '위안부' 생활은 그들의 선택과 의지에 따른 것이었다고 주장한다(325쪽).

이것이 이영훈이 선별한 근거의 전부다. 그러나 이와 상반되거나 갈등하는 사례, 자료, 피해자 증언들이 있다. 최소한 이영훈이 선별하고 내세운 사례, 자료, 증언은 이런 것들과 교차 분석되어야 한다.

군 '위안부'에 대한 기존 연구 성과들은 전방과 후방의 사례가 매우 달랐다는 것을 잘 보여준다. 싱가포르, 특히 기쿠수이클럽이 유독 폐업 사례가 많았다. 이건 '위안부' 제도나 정책으로 인한 특성이 아니었다고 판단한다. 《일본군 위안소 관리인의 일기》에는 싱가포르 기쿠수이클럽과 상충되는 버마 랑군의 이치후지루의 사례도 등장한다. 폐업하고 결혼한 두 위안부가 군 병참사령부의 명령으로 랑군 김천관(위안소) 위안부로 복귀했다는 기록이다.

최전선 지역에서 자유 폐업은 허구

앞서 이영훈이 제시한 미군 심문보고 자료에는 군의 명령으로 빚을 갚으면 귀국할 수 있었다고 했지만, 같은 업자를 심문한 영국군 심문보고 자료에는 빚을 갚은 위안부들이 고향으로 돌아갈 수 있도록 한 버마 제15군사령부의 명령과 상관없이 실제로는 귀환하지 않고 버마에 머물러 있도록 "쉽게 설득되었다"고 기록하고 있다(3부에서 자세히 다룰 것이다). 후방인 싱가포르보다 전방인 버마에서, 특히 최전선 지역이었던 미치나에서 '위안부'의 자유 폐업은 현실과 동떨어진 주장이다. 자유 폐업이려면 계약 기간이나 선금이 남아 있어도 '위안부'는 폐업할 수 있어야 한다. 선금을 다

갚고 나오는 것도 부채의 구조상 정말 어려운 일이었다. '위안부' 들이 어떤 목적과 방법으로 위안소에 끌려왔든 간에, 선금과 부채 등을 고리로 삼아 자유 또는 자율성이 심각하게 박탈된 상태에서 성행위를 강요받은 것은 일본군 '위안부'가 성노예라는 사실을 입증할 뿐이다.

05

수요가 확보된 고수익 시장이었고, 적지 않은 금액을 저축, 송금했다?

일본군 점령지의 전시 초인플레 무시

전혀 가치 없는 군표를 모은 꼴

이영훈은 "위안부 입장에선 수요가 확보된 고수익 시장"이었고, "적지 않은 금액을 저축하고 본가에 송금"했다고 주장한다(304쪽). 예컨대, 그는 한 '위안부'가 한 번에 1만 1,000엔("오늘날의 가치"로 약 3억 4,400만 원)을 송금한 사례를 든다(319쪽). 문옥주의 경우에는 1945년 9월까지 총 2만 6,551엔("오늘날의 가치"로 약 8억 3천만 원)을 저금했고, 악어가죽 가방, 고급 녹색 레인코트, 다이아몬드를 샀다(324쪽)고 하면서 한마디로 '위안부'가 엄청나게 돈벌이가 좋은 '일자리'였다고 강조한다. 다시 말해 "오늘날의 가치"로 운운하면서 '위안부'의 수입이 "거액"이었다는 이미지를 만들고 있다. 일본 극우파가 군 '위안부'의 수입이 장군이나 장교보다 좋았다고 주장하는 수법과 같다.

일본군 '위안부'의 화폐 수입이 가지는 가치의 허상을 이해하기 위해서 검토해야 할 사항이 있다. 일본군 점령지에서 급격하게 치솟은 전시 인플레를 어떻게 감안할 것인가 하는 문제다. 고바야시 히데오小林英夫 교수의 '대동아공영권'의 물가지수 자료 계산에 따르면, 당시 화폐가치는 액면가와 상당한 차이가 있다.[18]

일본군 점령지의 전시 초인플레 무시

일본이 동남아 점령 지역에서 현지 통화와 같은 가치를 가진 군표를 발행, 유통한 것부터 살펴봐야 한다. 일본은 현지 통화의 이름을 따 버마에서는 루피 군표, 필리핀에서는 페소 군표, 네덜란드령 동인도에서는 길더 군표 등을 발행했고, 군표와 엔화의 환율을 일 대 일로 고정했다. 그런데 일본 대장성 외자국 산하 남

〈표 2〉
아시아 각지의 물가지수(1943~1945)

	도쿄	랑군	마닐라	싱가포르	바타비아
1943.12	111	1,718	1,196	1,201	227
1944.6	118	3,635	5,154	4,469	492
1944.12	130	8,707	14,285	10,766	-
1945.3	140	12,700	14,285	-	1,752
1945.6	152	30,629	-	-	2,421
1945.8	161	185,648	-	35,000	3,197

출전: 일본은행 통계국 편, 《전시 중 금융통계 요람》, 1947(요시미 요시아키 재인용, 2013: 84).

대동아공영권의 물가지수(1941.12를 100으로 함)

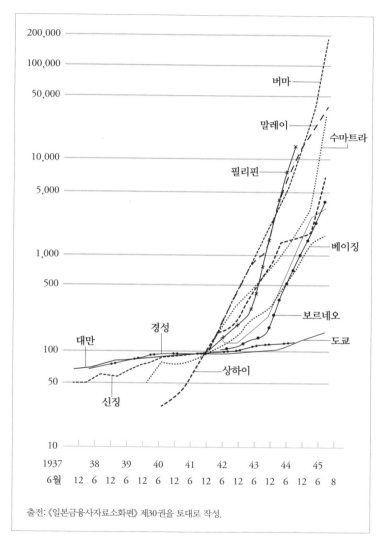

출전: 《일본금융사자료소화편》 제30권을 토대로 작성.

방개발금고는 동남아 각 지역에 많은 지점을 낸 요코하마정금은행과 대만은행 등을 관리했고, 일본 육군과 해군의 전비 조달을 위해 군표를 남발했다.

고바야시 히데오는 도쿄를 축으로 한 동심원의 주변부로 가면 갈수록 인플레가 격렬하게 진행되었다고 한다(《그림 1》참조). 도쿄와 식민지의 경성과 타이페이가 어느 정도 연동되어 있을 뿐 점령지 주변부로 갈수록 물가지수가 하늘로 치솟는 상황이었다. 버마의 경우 1943년 10월 이후로 인플레가 극심했다.

이영훈이 《일본군 위안소 관리인의 일기》에서 골라온 사례, 즉 한 '위안부'가 한 번에 1만 1,000엔을 싱가포르 (요코하마)정금은행에 가서 부쳤다는 날은 1944년 12월 4일이었다. 1941년 12월을 100으로 기준 삼으면, 1944년 12월은 도쿄 물가지수가 130이었고, 싱가포르 물가지수는 극심한 전시 인플레로 10,766이었다. 따라서 1만 1,000엔은 도쿄에서는 132엔의 가치밖에 안 되었다.

일본 극우파와 이영훈이 '위안부'의 고수익 주장을 위해 자주 끌어오는 문옥주의 저금액도 살펴보도록 하자. 〈그림 2〉를 보면, 저금은 1943년 3월 6일 500엔부터 시작된다. 그 후 700엔(7. 10), 550엔(8. 15), 900엔(9. 18), 780엔(10. 2), 820엔(11. 6), 950엔(1944. 2. 16), 85엔(3. 30), 100엔(5. 18), 800엔(6. 21) 총 10차례 저금했다. 그리고 1944년 8월 저금통장을 잃어버렸다가 1945년 4월 4일 5,560엔으로 재개했는데 5,000엔(4. 26), 만 엔(5. 23), 300엔(9. 29) 등 모두 4차례 저금했다. 전부 합치면 1943년 3월 6일부터 1945

년 9월 29일까지 총 14차례 저금했다. 여기서 명심해야 할 것은 문옥주가 저금한 루피 군표의 가치다. 〈그림 1〉과 〈표 2〉에 나온 물가지수를 고려해 도쿄에서의 엔화 가치로 환산하면, 참으로 보잘것없는 저금액이 된다. 저금액이 가장 많았던 1944년 4월과 5월 총 2만 560엔을 도쿄의 엔화 가치로 환산해보자. 1945년 6월 기준으로 도쿄 물가지수는 152였고, 랑군은 30,629였다. 따라서 2만 560엔은 도쿄에서는 102엔의 가치에 불과했다. 1945년 3월 후에는 루피 군표의 가치가 거의 없었다. 전쟁이 끝났을 때 도쿄의 물가는 1.5배 상승하는 것에 그쳤지만, 버마는 1,800배까지 올랐다. 버마는 도쿄보다 1,200배나 높은 상승률의 인플레였다. 그럼에도 불구하고 이영훈은 문옥주의 총저축액이 2만 6,551엔이고 이것을 현재 가치로 환산하면 약 8억 3,000만 원이라고 주장하고 있다. 경제사가인 그가 전시 하이퍼인플레 맥락을 이해하지 못할 리가 없다. 그는 자신이 정해 놓은 주장을 뒷받침하기 위해서 일본 극우파의 의도적 선별과 왜곡 수법을 실증주의 외양으로 단순 활용하고 있다.

문옥주의 회고를 보면, 저금액 대부분은 군인으로부터 받은 팁과 군표였다. 문옥주의 군사우편저금 원부조서를 보면, 1944년 8월 18일 통장을 잃어버린 것으로 나온다. 문옥주가 동원되었던 제55사단은 버마 아카브에서 계속되는 연합군의 공습을 견디지 못하고 프롬으로 후퇴했다. 그때 통장을 잃어버렸다. 그녀는 랑군에서 어떤 하사관의 도움으로 통장을 다시 만들었고, 그때까

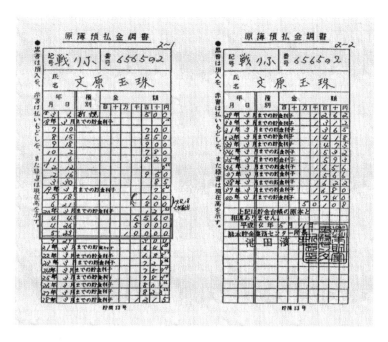

지 모았던 팁과 군표를 모아서 저금했다. 그게 1945년 4월과 5월의 저축액이다.

　문옥주는 노래를 잘 부르는, "랑군에서도 얼마 안 있어 인기 있는 위안부 중 한 사람"이었다. 일본의 패전이 임박했고 랑군에 집결하고 있었기 때문에 장교 수도 전선과 비교할 수 없을 만큼 많았으며, 연회도 많았다 한다. 그녀는 연회에 불려가기도 했고, 팁을 받는 게 좋아서 노래를 불렀는데, 큰 액수의 팁을 많이 받았던 것으로 보인다. 사실 군표를 갖고 있어도 거의 가치가 없기 때문에 장교들이 팁으로 준 것이다. 그녀도 그 돈을 쓸 곳이 없기 때문에 저금을 했을 것이다. 그녀에 따르면, 랑군 시장에는 보석가게가 있었고, 보석이 많이 나는 버마에서 루비나 비취는 아주 쌌다고 한다. 그녀는 하나 정도는 갖고 있으면 좋을 것 같아서 큰마음 먹고 다이아몬드를 하나 샀다고 회고했다.[19] 또 공습으로 병사들과 '위안부'들이 함께 대피했던 부잣집에서 집주인이 그대로 두고 간 옷, 숨겨놓은 귀중품 항아리들을 찾아내서 보석들을 노획했던 것, 사이공의 중국 시장에서 악어가죽 핸드백과 구두를 샀던 것을 기억해냈다.[20]

전혀 가치 없는 군표를 모은 꼴

문옥주의 회고록을 읽다보면, 그녀가 매우 비상한 기억력을 갖고 있고, 상황과 사물에 대한 관찰력이 뛰어나다는 것을 알 수 있다. 문옥주의 증언과 회고는 얼핏 서로 갈등하고 충돌하는 요소들도 있지만, 그녀의 삶과 '위안부'로서 전쟁 동원과 일상을 전체적으로 읽어내면, 군 '위안부' 삶의 실태를 더 두껍게 이해할 수 있도록 안내한다. 그러나 이영훈은 '위안부'의 고수익 주장을 정해 놓고, 그녀의 회고를 파편화시키고 선별해 착취하듯이 배치했다.

그리고 화폐 수입이 있어서 이것을 송금하는 것이 허용되었더라도 조선에서 그것을 현금으로 인출하는 데는 큰 제약이 있었다.[21] 동남아 지역의 인플레가 격증하자 일본 정부는 송금액을 제한했고, 강제 현지 예금제도, 조정금 징수제도, 예금 동결조치 등을 도입하여 동남아 지역의 인플레가 일본과 조선으로 파급되지 않도록 했다.[22] 결국 전혀 가치가 없는 군표를 모은 꼴이 되었다는 평가가 일반적이다.

탈진실의 시대,
역사부정을
묻는다

06 '위안부'와 여자정신대를 혼동하고 있다?

여자정신근로령 이전에 정신대 존재

위안부가 된 정신대 1기생의 증언

일본 극우파는 오래전부터 '위안부'와 정신대가 전혀 다른 것인데, 지금도 한국에서는 두 용어를 혼동하거나 여전히 같은 것으로 거짓말을 하고 합리화하고 있다는 주장을 해왔다. 하타 이쿠히코의 책은 이런 주장을 기정사실인 것처럼 썼고,[23] 2019년 이영훈의 책에서도 반복되고 있다.

강제 연행설을 부추겨온 또 하나의 거짓말은 여자정신근로대와의 혼동입니다. …… 1944년 8월 일제는 여자정신근로령을 발포하여 12~40세의 미혼여성을 군수공장으로 동원했습니다. 이 법이 조선에서 실행되지는 않았습니다. 그럴만한 여건이 못 되었던 겁니다(308쪽). …… (한국정신대문제대책협의회는) 정신대와 위안부가 별개의 것임이 명확해진 이후에도 극히 최근에 이르기까지 한국정신대문제대책협의회라는 단체명을 고집했습니다(309쪽).
…… 거짓말을 합리화하는 한국 문화의 극치를 이 단체의 뻔뻔스
러운 행태에서 발견할 수 있습니다(310쪽).

이영훈은 "다만 관의 권유와 알선으로 접객업의 여성이나 여학
생이 정신대로 조직되어" 군수공장 등에서 "두어 달 근로한 사례"
는 있지만, 여자정신근로령이 "조선에서 실행되지 않았다"고 주
장한다(308~309쪽).

여자정신근로령 이전에 정신대 존재

그러나 이영훈의 주장은 사실이 아니다. 여자정신근로령은 1944
년 8월 23일 칙령 519호로 일본과 조선에서 동시에 공포·시행되
었다. 무엇보다도 이 법령이 공포, 시행되기 전부터 조선에는 이
미 여자정신대, 즉 '데이신타이挺身隊'가 조직되어 이 법령에 한정
하고 있는 대상에 관계없이 여성은 여러 방법으로 광범위하게 동
원되고 있었고, 1943년에는 소녀들이 일본 본토의 공장에서 강
제 노동을 하고 있었다.[24] 그런데 왜 이영훈은 이 법령이 "실행되
지 않았다"고 주장하는 것일까? 이영훈은 〈국사 교과서에 그려진
일제의 수탈의 양상과 그 신화성〉에서 "이 법령은 일본인을 대상
으로 하고 있어 식민지 조선에서는 공식적으로 발동되지 않았다"

탈진실의 시대,
역사부정을
묻는다

고 쓴 바 있다. 정영환에 따르면, 이영훈은 하타 이쿠히코의 주장을 염두에 둔 것이다. 하타도 "여자에 대해서는 국민징용령도 여자정신근로령도 한반도에서는 적용되지 않았다"고 쓴 바 있다. 하타 주장의 근거는 조선총독부 광공국 노무과의 〈국민징용의 해설〉(1944) 중 다음 부분이다.[25]

> 앞으로도 여자를 동원할 경우, 여자정신근로령 발동에 의한다는 생각은 현재로서는 가지고 있지 않습니다. 지금까지 조선의 여자정신대는 모두 관의 지도 알선에 의한 것으로, 내지의 …… 비행기 공장 등에 보내고 있습니다. 앞으로도 관의 지도와 알선을 전제로 할 생각 ……[26]

이 서술은 여자정신근로령을 발동하지 않고 관의 지도와 알선을 전제로 그 이전부터 지금까지 해왔던 것처럼 조선의 여자정신대를 동원하겠다는 것을 의미한다. 다시 말해 하타의 주장은 여자정신근로령이 조선에서도 시행되었지만, 조선에서 이미 잘 이루어지고 있는 여자정신대의 동원이 그 법령을 '적용'했다기보다 그 이전부터 지금까지 해왔던 것처럼 할 뿐이라고 말하는 것이다. 하타는 왜 굳이 "적용"이라는 단어를 사용해 오해가 생길 수밖에 없는 방식으로 서술했을까? 정영환에 따르면, 하타가 근로령의 미적용을 강조한 것은 조선에서의 정신대 동원이 법에 의한 강제 연행으로 비춰질까 봐 이를 배제하기 위한 것으로 보인다.[27] 그러니까 이영훈은 하타의 교묘한 수법을 헤아리지 못하고 여자정신근로령으로 일본에서 조직된 '여자정신근로대'와 그 법령 이전부터 조직 동원되고 있었던 조선에서의 여자정신대를 '혼동'하고 있다. 하타이쿠히코나 이영훈이야말로 자료의 원전 및 출전을 제대로 확인하지 않고 거짓말로 '혼동'을 야기하고 있는 것이다.

한국에서 '위안부'와 여자정신대를 혼동하고 있다는 이영훈의 주장은 정대협과 일반 대중의 이해를 무지하고 거짓된 것으로 공격하기 위한 것이다. 그러나 학계에서는, 특히 한국에서도 1990년대 중·후반에(다시 말해 하타 이쿠히코의 책이 출판되기 전에) 일본군 '위안부'와 정신대를 구별하는 논의들이 나오기 시작했다. 한국정신대연구소 연구원이었던 여순주의 〈일제 말기 조선인 여자근로정신대에 관한 실태 연구〉라는 석사논문(이화여대)이 출간된 것이 1994년이었다. 비록 연구자·활동가와 달리 언론이나 일반 대중이 이 둘을 구분하여 인식하게 된 것은 많은 시간이 흘러서이긴 했지만 말이다.

이영훈은 정대협과 일반 대중의 "엉뚱한 오해와 무지", "거짓말을 합리화하는 …… 뻔뻔스러운 행태"에 대해 질타하면서, "정신대로 동원하여 전선으로 끌고가 위안부로 삼은 사례가 단 한 건이라도 있으면 말해보라"고 한다(309쪽). 이영훈이야말로 "엉뚱한 오해와 무지"를 일삼고 있으면서 적반하장 격으로 질타하고 있다. 이영훈은 1992년 10월 여자정신대 피해자 10명이 '위안부' 피해자 3명과 함께 '시모노세키 재판關釜裁判'을 제기했고, 그 후에도 한국과 일본에서 정신대 피해자들의 제소가 계속된 소송의 역사와 내용에 대해서도 무지해 보인다. 얄팍하고 경직된 실증주의 사관으로 피해자 증언을 역사 자료로 삼을 수 없다고 주장하는 그답게 피해자의 증언들은 듣지도, 읽지도 않은 것으로 보인다.

위안부가 된 정신대 1기생의 증언

이영훈이 단 한 건이라도 있으면 말해보라 했으니 강덕경 할머니의 사례만 들겠다. 강덕경은 국민학교 고등과 1학년 때인 1944년 6월경, 그러니까 그로부터 2개월 후 공포될 여자정신근로령이 조선에서 시행되기 전, 여자근로정신대 1기생으로 도야마현 후지코시 공장으로 보내졌다. 그리고 탈출했지만, 다시 붙잡혔고, '위안부'로 끌려갔다. 피해자의 기억과 증언을 불완전하거나 거짓된 것으로 간주하니 이영훈은 이런 사례들을 들을 수도, 읽을 수도 없는 것이다. 여자정신대로 동원된 여성들 중 일부를 '위안부'로 끌고가라는 지시를 한 일본군·정부의 공문서가 발굴되지 않았으면, 이런 사례들은 원래 존재하지 않았던 것이 되는가?

여기서 더 나아가 역사적 상상력이 필요한 부분이 있다. 여자정신대와 '위안부'는 분명 다른 개념이다. 그런데 조선에서는 정신대로 동원돼 군 '위안부'가 되었던 사례들과 이를 뒷받침하는 자료들이 있다. 그렇기 때문에 해방 직후 한국에서도 정신대와 '위안부' 동원이 뒤섞인 채 신문 기사에 나타나거나 사람들의 기억 속에 있었다.[28] 당시 정신대와 '위안부' 동원에 대한 기억이 정말 무지해서 뒤섞였던 걸까? 아니면 의도되어 뒤섞였던 것일까?

전쟁으로 식민지를 총력전·총동원 사회로 만드는 상황에서 '위안부' 동원을 말하는 것은 '조언비어'(유언비어) 유포죄에 해당돼 처벌받았다. 식민지 민중(대중)은 유언비어죄를 피해가기 위해 '위안부' 대신 '데이신타이'(정신대) 용어를 쓴 게 아닐까? 그렇다고 한다면 해방 직후에도 '위안부'와 정신대를 같이 쓴 것은 이해할 수 있다. 이것을 "엉뚱한 오해와 무지"로 인한 혼동으로 폄하하는 것보다 차라리 식민지 대중의 (소극적) 저항을 드러내는 것으로 보는 것이 더 역사적인 이해에 부합하는 것이 아닐까? 일제 공창제와 군 '위안부' 제도 연구에 전념해왔던 박정애는 "정신대로 동원되어 위안부가 되었다는 말은 공권력의 '위안부' 동원과 그 과정에 개입된 은폐 문제를 피해자와 대중의 감각으로 보여주는 것"이며, 따라서 "한국에서 '위안부'와 정신대 동원은 '착종'된 것이지 '혼동'된 것이 아니다"라고 주장한다. 더 나아가 그녀는 '위안부'와 정신대 동원의 '착종' 지점을 연구하는 것이야말로 일본군 '위안부' 문제의 식민지성을 분석하는 문으로 들어서는 것이라 주장한다.[29]

탈진실의 시대,
역사부정을
묻는다

3부

자료와 증언,
왜곡하거나 찬탈하지 않고
맥락을 보다

01 연합군 포로심문 자료를 어떻게 읽을 것인가

자료에게 묻고 듣다

어떻게 자료를 조사해야 원하는 자료, 필요한 자료를 만날 수 있을까? 그렇게 해서 중요한 자료를 만났을 때, 어떻게 읽고 분석하고 활용할까? 전문 연구자나 대학원생을 대상으로 자료 조사와 연구 방법론을 강의할 때마다 던지는 질문이다.

나는 역사를 공부하는 사회학자로서 주로 '문서' 자료를 조사 분석해왔고, 국내외 자료 아카이브에 대한 조사 연구 방법의 노하우를 축적해왔다. 그런 나에게 두 질문, 그러니까 자료 조사 방법과 자료 연구 방법은 서로 긴밀히 연결되어 있다. 자료 연구 방법에 대해 먼저 답한다면, 나는 중요한 문서를 만나게 되었을 때 눈앞 문서의 내용을 단순히 글자 그대로 읽고 내 주장에 필요한 문장을 뽑아내면서 뒷받침하는 방식으로 활용하는 것을 경계한다. 그보다 때론 현미경으로, 때론 망원경으로 이 문서 자료가 생산된 구조와 맥락의 스케일을 읽어내려 하고 다양한 질문들을 끄집어낸다. 이 질문에 답하면서 문서 자료의 자간과 행간에 있는 의미를 발견하고 분석한다. 이에 그치지 않고 이 문서 자료의 분석 내용과 관련한 다른 유형의 자료들, 예컨대 구술증언 자료, 사진과 영상 등 시각 자료, 지도 자료 등과 교차 분석하면서 더 풍부한 의미들을 끌어낼 수 있는 방법을 고민해왔다. 그래서 실증적 방법과 해석적 방법, 그리고 구조적 분석의 방법을 교차할 때가 많다.

이렇게 "자료에게 묻고 듣다"보면, 또 다른 자료 조사의 실마리를 얻게 될 때가 많다. 연구를 통해 자료의 생산 맥락에 대한 이해—누가 또는 어떤 조직이, 왜 어떤 목적으로, 언제, 어디에서 이 자료를 작성 또는 제작했고, 어떤 계통으로 배포되었으며, 어떻게 활용되었나 등—가 깊어질수록 아직 발굴되지 않은 관련 자료들의 존재를 알게 되거나 보게 된다. 자료 아카이브의 관리 구조를 잘 이해하고 있고 다양한 검색 도구와 가이드를 활용할 수 있다면, 마치 고구마 줄기 당기듯 자료 덩어리들을 줄줄이 캘 수 있게 된다. 그렇게 만난 자료들은 생산 맥락에 대한 깊이 있는 실증적·해석적·구조적 분석을 통해 나에게, 우리에게 이야기들을 들려줄 것이다.

그런데 실증적으로 자료를 분석하고 재가공해 증거로 삼는다는 이영훈은 자료를 어떻게 조사하고 연구했을까? 일본군 '위안부' 문제와 관련해 그가 책에서 중요하게 다루는 미군 자료가 하나 있다. 그는 "미군 심문기록이 위안부제의 본질과 실태에 관해 다른 어느 기록보다 상세하고 정확한 정보를 담고 있다"(314쪽)면서 그 내용을 주요 논거로 해석해 활용했다. 그러나 그는 그 심문기록의 정확한 이름을 포함해 자료 소스 정보를 제공하지 않는다.

자료 소스 안 밝히고 선별해 과잉해석

나는 이영훈이 이 심문기록의 내용을 《일본군 위안소 관리인의 일기》 '부록 1. 미군 전시정보국 심리작전반, 일본인 포로 심문보고 제49호'에서 일차 확인했을 것으로 판단한다. 이 자료는 일본 극우파들이 일본군 '위안부'를 부정하는 주장을 할 때 많이 활용하는 자료이니만큼 그가 인터넷에서 떠도는 '원자료 복사본' 정도는 확인했을 것이라 생각한다. 그가 스스로 강조하듯 자료를 실증적으로 연구했다고 하면, 일본 아시아여성기금 자료집 《정부 조사 '종군위안부' 관계 자료집성 5》에 수록된 영인 자료 정도는 구경했을 것이라 생각한다. 그렇다고 하더라도 이영훈이 이 심문보고서 기록의 내용을 분석하고 활용하는 방식은 단순하게 내용을 글자 그대로 읽고 자기 논거로 필요한 부분의 문장만 골라서 뽑아 먹는 정도다. 자료의 내용 부분을 선별해 과잉해석하거나 심지어 왜곡하는 경우도 보인다.

이 미군 문서 자료의 내용을 제대로 분석하려면, 문서 작성자가 누구이고, 어떤 조직에 속해 있으며, 어떤 의도와 목적으로 이 문서를 작성했는지, 이 문서에 투영된 인식과 이해수준이 작성자 개인에 국한하는 것인지 조직 일반에 해당하는지, 이런 인식과 내용에서 이 문서의 내용을 어떻게 활용하려 했는지, 그 활용이 실행되었는지 그렇지 않았는지 등 자료의 생산과 활용에 대한 맥락을 이해하는 것이 필요하다. 그래야만 문서 자료에 기술된 정보의 가치와 타당성, 내용의 현실성 등을 평가할 수 있다. 다시 말해 이 '군 자료'도 다른 관련 자료들과의 교차 분석을 통해서 연구 해제되어야 이영훈이 그렇게 좋아하는 기본 사실들을 실증적으로 구성할 수 있게 되는 것이다.

이 "미군 심문기록"의 문서 이름은 〈일본군 포로 심문보고 제49호〉(Japanese POW Interrogation Report No.49, 이하 〈심문보고 49호〉)다. 미 육군 인도-버마 전역戰域에 배속된 미국 전시정보국OWI 심리전팀(일명 레도 팀) 알렉스 요리치가 1944년 10월 1일 작성한 심문보고서다.

전시정보국은 1942년 6월 루즈벨트 행정부가 미국 국내외의 선전(프로파간다)과 심리전을 위해 만든 조직이다. 유럽과 중동, 극동에 해외 전초기지를 두고 있었는데, 중국-버마-인도 전역에도 뉴델리, 캘커타, 레도, 쿤밍 등에 전초기지를 두고 심리전팀을 운영했다. 레도 팀은 전시정보국 소속이면서 이 전역에 배치된 미

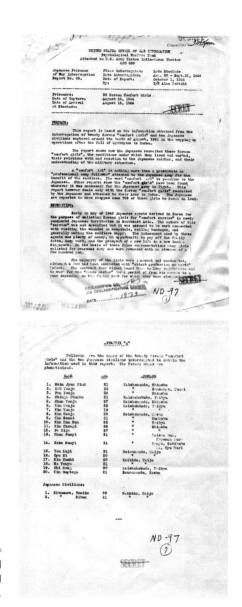

〈그림 3〉
〈일본군 포로 심문보고 제49호〉의
1쪽과 문서에 첨부된 20명의
조선인 '위안부' 명부.

육군에 배속되어 군과 민간요원 합동조직으로 운용되었다. 주요 활동은 일본군에게 투항을 권유하거나 일본군과 현지 주민들을 분리시키는 심리전이었다. 레도 팀에는 '니세이Nisei'(일본계 2세)들이 많이 참전했다. 그들은 일본계라는 이유로 잠재적 적국민으로 인식되어 차별받기도 했지만, 미군에게는 적의 언어를 번역할 수 있는 소중한 자원이기도 했다. 니세이는 일본어로 일본군 포로를 심문하거나 일본군 노획문서를 번역하는 임무를 수행했다. 일본군과 생김새가 같고 심지어 포로와 고향이 같은 경우도 있어서 쉽게 적의 마음을 열 수 있었다. 그 결과물이 전시정보국 뉴델리 전초기지의 '일본인 포로 심문보고' 시리즈다.[1] 1944년 1월부터 10월까지 총 49개의 심문보고서가 작성되었다. 〈심문보고 49호〉를 작성한 것은 알렉스 요리치Alex Yorichi라는 일본계 2세(니세이) 정보병사였다.

알렉스 요리치는 1944년 8월 20일부터 9월 10일까지 버마 미치나에서 레도수용소로 이송된 조선인 '위안부' 20명과 업자 부부 2명을 심문했다. 포로들은 일본군 미치나 수비대 114연대(마루야마 부대)에 배속된 교에이위안소 '위안부'와 업자였다. 알렉스 요리치는 심문 결과를 모아서 〈심문보고 49호〉를 작성했는데, 조선인 '위안부'의 동원 방법, 버마 이송 과정과 방법, '위안부' 생활, 일본군 관리 아래 업자의 위안소 운영과 일본군의 이용실태, 일본군에게 버려지고 연합군의 포로가 되는 전 과정이 서술되어 있다. 미군 등 연합군 자료 중에서 일본군 '위안부' 문제를 전면적으로 다루는 것은 손에 꼽을 정도여서 이는 중요한 '위안부' 관계 자료임에 틀림없다.

흥미로운 사실은 일본 극우파들도 〈심문보고 49호〉에 주목하고, 일부 내용만 부각시켜 선별적으로 과잉해석하고 왜곡, 활용한다는 점이다. 따라서 이 심문기록에 포함된 정보 가치와 타당성, 서술된 내용의 진실성을 비교 확인하기 위한 참조 자료가 요청된다. 자료의 생산 맥락에서 보면, 전시정보국이 작성한 '일본군 포로 심문보고' 시리즈는 레도 팀이 독자적으로 정보를 얻어 작성한 것도 있지만, 전시정보국 뉴델리 전초기지와 연합활동을 수행했던 뉴델리 소재 영국군 합동군사정보심문센터 인도지부 CSDIC Ⅰ·동남아번역심문센터SEATIC와 함께 진행한 것도 여럿 있다. 이 심문기록들은 〈심문보고 49호〉를 보완하는 내용을 담고 있다. 그 가운데 〈동남아번역심문센터 심리전 심문회보 제2호〉(SEATIC Psychological Warfare Interrogation Bulletin No. 2, 이하 〈심문회보 2호〉)도 〈심문보고 49호〉와 같은 일본인 업자(기타무라 부부)를 심문하고 작성한 것이어서, 두 자료를 직접 비교할 수 있다.

동남아번역심문센터 자료 등 비교 분석해야

동남아번역심문센터는 1944년 1월 26일 동남아연합군 총사령관 회의의 결정에 따라 조직되었다. 영국군과 미중연합군이 버마를

〈그림 4〉
〈동남아번역심문센터 심리전 심문회보 제2호〉 표지

탈환하는 작전을 전개하면서 긴급하게 적의 노획문서를 번역하고 포로를 심문할 수 있는 새로운 조직이 요청되었던 것이다. 동남아번역심문센터는 합동군사정보심문센터 인도지부와 영국군의 정보·번역 요원들이 중심이 되어 활동하기 시작했다. 1944년 5월 24일 미군 스위프트Wilendes Swift 대령이 센터 책임자로 부임하면서부터 미군 니세이 파견대도 여기에 합류하게 되었다. 동남아번역심문센터는 버마작전 기간 동안 버마 미치나에서 랑군까지 수많은 일본군 문서들을 노획하고 적지 않은 포로들을 심문한 결과 보고 기록들을 생산했다. 미군 니세이는 방첩과 심리전에 투입되었는데, 앞서 언급했듯, 미국 전시정보국 레도 팀 등과 연합 활동을 전개하기도 했다.

〈심문회보 2호〉는 일본군 '위안부' 문제와 관련해 "악명 높은 마루야마 대좌"와 "전방 지역의 일본군 위안소"에 대한 정보를 포함하고 있다. 마루야마 후사야스 대좌는 미치나를 수비했던 보병 114연대장으로, 부하에게 고압적이고 무자비했으며, 위안소를 자주 이용하면서 '위안부'들에게 평판이 매우 나빴다고 서술되어 있다. 전방의 위안소 정보는 20명의 조선인 '위안부'를 버마로 데리고 온 교에이위안소 포주와 '마마상'인 기타무라 부부—기타무라 에이분과 기타무라 도미코—를 심문한 결과를 기록한 것이다. 알렉스 요리치가 작성한 〈심문보고 49호〉가 상세히 말하지 않은 정보들을 포함하고 있고, 무엇보다 두 자료 간에 다른 대목이 있어서 상호 교차하여 종합적으로 검토하면, 버마 전방 위안소의 운영실태와 일본군 '위안부'가 처한 상황을 확인할 수 있고, 무엇보다 이영훈의 왜곡 해석과 궤변을 드러낼 수 있다.[2]

'위안부'란

우선 이영훈이 "미군 심문기록"(《심문보고 49호》)에서 자신의 주장을 위해 "뽑아낸 내용"과 '자신이 해석해 정리한 진술'을 살펴보도록 하자.

　① 위안부란 일본군에 부속된 직업적 창녀들이다(315쪽).

　①은 알렉스 요리치가 〈심문보고 49호〉에서 '위안부comfort girl'를 정의하는 문장이다. 원문 표현을 정확히 살려서 번역하면, "위안부란 군인이 이용하도록 일본군에 배속된 prostitute(이영훈은 '창녀'라 번역) 또는 professional camp follower에 불과하다."[3] 그러니까 이영훈은 위안부를 "직업적 창녀professional prostitute"들이라고 번역했다. 그러나 이렇게 용어 그대로 번역한 것은 오류다. 일본어로 포로를 심문하는 알렉스 요리치가 어떤 일본어 용어를 듣고 prostitute라는 영어 단어로 번역했는지 알아내는 게 중요하다. 다시 말해 심문자와 피심문자 사이에 '번역'이 개입한다. 이 번역의 문제는 보통 심문자가 참조하는 구조화된 번역 매뉴얼 또는 사전

의 문제일 수도 있고, 심문자의 개인적 인식 및 이해수준에 달려 있기도 하다.

알렉스 요리치는 'いあんふ[Ianfu]'(위안부)라는 소리를 듣고 당시 니세이 병사들이 참고했던 사전에 따라 prostitute라고 번역했다. 다시 말해 prostitute는 현재의 의미에서 '창녀'를 의미하는 보통명사가 아니라 '위안부'를 지시, 번역하는 특정 개념이었다. 미군 번역·통역 병사를 육성하는 군정보대언어학교MISLS가 펴낸 용어사전에는 일본어 단어 '軍慰安婦(군위안부)'가 나오면 'army prostitute'로 번역하도록 제시했다. 이렇게 보면, '직업적 종군자'라는 표현은 말 그대로 '군 위안부'의 동어반복이 되는 셈이다.

이러한 맥락을 고려하지 않고 미군 보고서에 prostitute나 profess ional camp follower 용어가 나온다고 해서 그걸 갖고서 자발적인 '매춘부'(또는 창녀)라는 식으로 번역하고, 그것을 미군의 인식 및 이해라고 단정하는 것은 무지 또는 왜곡을 드러낼 뿐이다. 실제 알렉스 요리치는 "여성들 중 일부는 '지상에서 가장 오래된 직업'에서 일한 적 있으나, 대다수는 무지하고 교육받지 못했으며", 병원에 입원한 부상병을 방문하여 붕대를 감는 등의 일로 알고 왔고, 이런 사기에 속아 몇 백 엔의 선불금을 받았지만, 이게 빚이 되어 예속되었다고 썼다.[4]

② 그녀들은 남자를 가지고 노는 방법을 알고 있다(315쪽).

②의 문장은 이영훈이 마치 〈심문보고 49호〉에 나와 있는 것처럼 발문 형식으로 뽑아 놓은 표현이다. 알렉스 요리치가 쓴 어떤 문장을 보고 이영훈은 "그녀들은 남자를 가지고 노는 방법을 알고 있다"고 쓴 걸까? 아마도 다음의 글에서 나온 것 같다.

(조선인 '위안부'는) 교육받지 못했고, 유치하고, 엉뚱하며, 이기적이다. 위안부는 일본인이나 백인의 기준으로 볼 때 예쁘지 않다. 그들은 자기중심적 성향이 있으며 자신들에 관해 이야기하길 좋아한다. 그들의 태도는 낯선 이들 앞에서는 조용하고 얌전하지만, "여자의 기술을 안다."

알렉스 요리치는 "여자의 기술을 안다"는 표현을 쓰면서 큰 따옴표를 달았다. 〈심문보고 49호〉는 조선인 '위안부' 20명과 업자를 "한 명씩 자세히 조사하여" 작성된 것인데, 저런 표현을 '위안부'들이 스스로 했다고 생각되지는 않는다. 업자(기타무라 부부)의 표현일 수도 있지만, 기본적으로 알렉스 요리치의 시선과 인식이 강조된 것이라 판단된다. 이를 두고 레도 팀 동료인 칼 요네다는 "본부 문관은 말할 것도 없이 기지사령부 장교까지도 '좀 읽게 해 달라'고 난리가 났다. 만약 인쇄하여 발행하면 베스트셀러가 되고 요리치는 부자가 될 거라고 비웃는 소리가 높았다"고 비꼬기도 했다.[5]

알렉스 요리치 보고서는 레도 팀을 통해서 "미국 워싱턴" 본부로 제출되었다. 식민지 조선 주민들의 "격분", "격노"를 야기하고 일본 본토와 조선, 만주 지역에서의 조선인들의 "봉기"를 조장하기 위해서 미군 대일 심리전의 재료로 쓰일 터였다.[6] 다시 말해 일본군 '위안부'에 대한 미군 심리전팀의 심문은 '적에 의한 식민지 여성들의 유린'이라는 남성적이고 군사주의적인 시각이 투영되어 진행된 것이다.

이영훈은 "여자의 기술"을 "남자를 가지고 노는 방법"으로 이해하고 있는 것으로 보인다. 그가 '위안부'를 성노예라가 아니라 돈을 벌기 위해 성을 파는 '매춘부'로 인식하고 있기 때문에 거리낌 없이 나올 수 있는 표현이라고 생각한다.

누가 얼마나 '위안부'를 동원했나

③ 1942년 5월경 동남아 일본군은 조선군사령부와 조선총독부에 '위안부'를 보내달라고 부탁했고, 조선군사령부는 조선의 주선업자와 접촉하였다(313쪽).

③의 정리는 참 흥미롭다. 왜냐하면 알렉스 요리치는 "1942년 5월 초, 일본인 업자들이 '위안 서비스'(위안 접객)를 할 조선 여성을 모집할 목적으로 조선에 도착했다"고 썼을 뿐, 동남아 일본군이 조선군사령부와 조선총독부에 '위안부'를 요청했고, 이를 위

해 조선인 주선업자와 접촉을 하였다고 명시적으로 쓴 바 없기 때문이다.

물론 이 주제에 대해 조금이라도 공부한 연구자라면, 이영훈이 쓴 것처럼 남방(동남아) 방면 일본군사령부가 조선군사령부와 조선총독부뿐 아니라 지나(중국) 방면 사령부 등에 '위안부'들을 보내줄 것을 요청했다는 사실과 조선인 '위안부'들이 업자들을 통해 모집되어 동남아로 이동했다는 사실을 확인할 수 있다. 여기서 깨알 같은, 그러나 중요한 지적을 하자면, 알렉스 요리치가 "일본인 업자들"이라고 한 것을, 이영훈이 "조선의 주선업자"로 바꾼 것이다. 이영훈은 조선의 주선업에 소매-도매-중앙시장의 위계가 있다고 표현하면서 "짐작컨대 조선군사령부는 중앙시장에 해당하는 거물 주선업자 몇 명에게 그 일을 부탁하였을"(313쪽) 것이라고 서술한다.

④ 주선업의 전국적 시장망이 작동하여 대략 800명의 위안부가 동남아로 "송출"되었다. 1942년 7월 전후 4차례로 나뉘어 부산항을 출발하였다(314쪽).

④의 정리에서 알 수 있듯, 이영훈은 군이 요청한 '위안부'들을 식민지 조선에서 '주선업 시장'이 합법적으로 작동한 결과 부모 또는 호주의 손에서 업자로 넘겨진 딸 또는 창기 경험을 갖고 있던 여성들이 해외로 "송출"되었다고 주장하고 있다. 그가 항상 강

조하는 바, '위안부' 제도는 합법이고 '위안부'는 성노예가 아니며, 군이 책임을 묻는다면 식민지 조선의 호주에게 있다는 것이다.

이영훈의 주장은, 《제국의 위안부》에서 일본군과 정부는 구조적·간접적 강제성에 대한 책임만 있을 뿐 업자들이야말로 현실적·직접적 강제성에 대한 책임을 져야 한다는 박유하의 주장보다도, 심지어 2015년 12월 28일 "군의 관여"라는 조건의 책임만 인정하고 사실상 조선인 업자 또는 포주에 책임을 전가한 일본(아베) 정부보다도 더 극단적인 부정론의 입장에 서 있다.

"대략 800명"의 '위안부'들이 "1942년 7월 전후 네 차례로 나뉘어 부산항을 출발하였다"는 서술도 문제적이다. 이영훈은 조선인 '위안부' 수 20만 명은 "터무니없이 과장된 수"라면서 '위안부' 총수는 3,600명 규모라고 주장한다. 그러니까 중국 방면과 인도차이나 및 네덜란드령 동인도(인도네시아), 남태평양 섬들로 '위안부' 동원이 있었음을 감안할 때, 버마 방면으로는 800여 명 정도 갔다고 주장해야 했을 것이다. 이것이 사실일까?

일단 알렉스 요리치가 작성한 〈심문보고 49호〉에는 "일본인들이 1942년에 위안부 약 703명을 선박으로 수송했다고 보고된 바있다"는 문장과 "약 800여 명의 여성들이 이런 식으로 동원되어 1942년 8월경 일본인 포주들과 함께 랑군에 상륙했다"는 문장이 있을 뿐이다.

이영훈이 "네 차례로 나뉘어"라고 주장한 근거는 《일본군 위안소 관리인의 일기》에 나오는 "제4차 위안단"[7]이라는 표현을 염두에 둔 것이라 판단된다. 제4차 위안단은 1942년 7월 10일 부산항을 출항해 8월 20일 랑군에 도착했다. 그런데 이 관리인의 일기에는 1943년 12월과 1944년 7월경에도 (후속) 위안단이 조선에서 싱가포르를 향해 출발했을 가능성을 시사하는 동시에 위안단은 군에서 조직한다고 하더라도 위안부의 모집은 업자가 담당했음을 보여주는 내용들이 포함돼 있다. 또한 버마 방면으로 간 '위안부'들이 조선에서만 출발한 것도 아니다. 남방 방면 사령부는 지나 방면 사령부에도 요청했고, 난징과 상하이 등지에서도 위안단이 버마로 향했다. 제4차 위안단과 비슷한 시기에 '위안부' 박영심과 함께 있던 '위안부'들도 싱가포르를 거쳐서 랑군에 상륙했다. 따라서 싱가포르를 거쳐 버마 랑군으로 들어온 '위안부' 규모는 이영훈의 추산처럼 800 나누기 4가 아니라 800 곱하기 4에 더하기 알파라고 판단하는 것이 더 합리적이다. 이 규모만 해도 이영훈이 전체 '위안부' 규모로 추산한 3,600명을 상회한다.

이와 별도로 이영훈은 당시 네덜란드령 동인도와 남태평양 섬들의 '위안부'들에 대한 정보를 담고 있는 네덜란드 정보대NEFIS 보고서들이나 남서태평양연합군SWPA 사령관 맥아더 장군의 정보참모 윌로우비 장군 밑에 있던 연합군번역통역센터ATIS가 생산한 '위안부' 관련 보고서들을 접하지 못한 것으로 보인다. 오키나와섬과 그 인근 섬들(류큐제도)에 배치되었던 '위안부' 관련 기록들에 대해서도 마찬가지다. 만주와 중국 전선으로는 일찍부터 남방(동남아)과 남양(남태평양)보다 더 많은 '위안부'들이 강제 동원

탈진실의 시대,
역사부정을
묻는다

되었다.

⑤ 위안부의 신분증명서와 여행허가서를 받고 일본군 수송함을
타는 데 총독부 경찰의 협조가 필수적이었다(314쪽).

자료의 착취적 선별과 왜곡에 가까운 해석, 궤변이 연속되다보
니 ⑤의 정리도 놀랍지 않다. 문장 그대로 읽는다면, '위안부'들이
총독부 경찰의 협조로 신분증명서와 여행허가서를 받고 일본군
수송함을 탔다는 사실을 인정하고 있다. 다시 말해 이영훈은 일본
군이 주도하고 총독부가 관여해 '위안부'를 동원하고 관리한 것은
사실이라고 인정하지만, 위안부제가 공창제의 변형이므로 합법
이고 '위안부' 개인의 자유 의사와 계약을 통해 영업한 것이니 성
노예가 아니라는 주장으로 연결한다.

버마에서의 '위안부' 생활

⑥ 위안부의 "생활은 비교적 사치스러웠다. 식료와 물자를 구입할
수 있는 충분한 돈을 가지고 있었기에 그녀들의 생활은 좋았다"
(315쪽). …… 월 소득은 300원에서 1500원이었다. 그중 50~60퍼
센트는 업주 몫이었다. 업주가 위안부들에게 식비, 생활비 등 비
싼 가격을 요구해 곤란케 했지만, 불평의 문제였지 구속할 정도는

아니었다(316쪽).

〈심문보고 49호〉에는 "버마에서 위안부들의 생활은 다른 곳에 비하면 사치스럽다고 할 정도"였고 "식량과 물자를 배급에 크게 의존하지 않았고 원하는 물품을 살 돈이 충분했기 때문에, 그들은 풍족하게 살았다. 옷, 신발, 담배를 살 수 있었다"고 서술되어 있다. 또한 군의 "소풍, 오락, 사교 만찬에 참석"했고, "축음기를 가지고 있었고, 시내에 장보러 갈 수도 있었다"는 내용도 있다.[8] 일본 극우파들은 이 내용을 갖고 '위안부'가 많은 돈을 버는 매춘부라고 주장해왔다. 이영훈도 "위안부 영업"이 "엄청나게 돈벌이가 좋은 일자리"라는 식으로 주장하고 있다.

그런데 이러한 상황은 "그녀들이 버마에서 보낸 두 번째 해가 특히 그러했다"[9]는 사실에 주목할 필요가 있다. 버마 미치나는 카친주의 주도이다. 일본군이 이 도시를 점령해 주둔했고, 1943년까지 전황은 일본군에게 매우 유리했다. 교에이위안소의 업자와 '위안부'들이 미치나에 들어온 것은 1943년 1월이었다. 1943년 중순까지는 미치나에 "음식이 아주 많이 있었고 셔츠와 반바지 등도 공급이 잘 되어서 싸게 살 수 있었다. 그러나 소비재들이 떨어지고 대체품목들이 도착하지 않게 되어 가격이 치솟기 시작했다. 1943년 10월에는 엄청난 가격에 도달했다."[10] 전황이 더 나빠지면서 미치나처럼 먼 곳까지는 보급품이 거의 오지 못했다. 1944년 11월부터 버마에도 대규모 공습이 시작되었고, 오래된 재고품들이 엄청난 가격에 팔렸다.

　미치나 수비대장인 마루야마 대좌는 전황이 더 나빠져 보급품이 부족해졌을 때조차 한동안 '위안부'들이 바라는 만큼 식량과 생활용품을 가질 수 있게 했다. 부하 장병들에게 악명 높았던 그는 자주 '위안부'를 찾고 옆에 두려 했다. 그는 '위안부'에게 보급품을 선물로 주기도 했다. 그러나 그는 위안소 이용요금을 깎고 '위안부'들의 수입을 삭감했다.[11] 위안소 포주는 "음식과 기타 물품에 대해 높은 가격을 책정하여 위안부 생활을 매우 힘들게 했다."[12] 그런 상황에서 전시 인플레로 물가가 치솟았고, '위안부' 생활은 사치스러울 수가 없었다.

　"위안부는 일본군이 싸워야 했던 모든 곳에서 발견되었다."[13] 이영훈은 1943년 버마 미치나에 있던 위안소 상황만 선별해 '위안부'들의 생활이 사치스러웠다고 일반화하였다. 시기와 전황 사정에 따라 '위안부' 생활의 상태는 달랐다. 후방인 싱가포르보다 전방인 버마가, 버마 안에서도 미치나 같은 전방이, 게다가 전황이 안 좋다면, 마찬가지로 '위안부' 생활도 급격하게 좋지 않은 상태로 치달았다. 그럼에도 "사치"와 "소풍, 오락, 사교 만찬", "축음기" 등의 내용을 절취해서 탈맥락적으로 활용하는 이영훈이나 일본 극우파들의 의도와 수법은 그 속이 너무 뻔하다.

　본인의 의사에 반하여 동원되었고 위안소에서 성행위를 강요받는 상태에 처했던 일본군 '위안부'들에게도 일상과 삶은 있었다. 분명 전쟁 속 일상과 생활이었다. 그런데 상당수 장교와 병사들은 '위안부'들이 주는 '위안'에서 목가적이거나 심지어 낭만적인 어떤 장면을 회상한다. 여성의 입장에서는 고단하고 고통스러운 삶이었지만 그럼에도 꼭 살아야만(생존해야만) 하는 생활이었다. 그래서 그녀들은 그런 삶에서도 소소하지만 즐거운 일이 있었다고 기억한다. 어떤 애착을 만들거나 어떤 "좋은" 일본군과의 사랑 또는 호감을 떠올린다. 적극적으로 무엇을 해내고 주변으로부터 잘한다고 인정을 받는 행위, 예컨대 노래를 잘 부르는 자신을 바라보며 자랑스러워하는 "좋은" 기억을 떠올린다. 그녀들이 여러 삶의 전략과 태도를 만들어내고 전쟁의 일상을 버텨냈던 이야기들은 정말 각양각색이고, 심지어 서로 갈등적이기도 하다. 버마 문옥주의 이야기가 그러했다. 오키나와 전장에 '위안부'로 동원되어 버려졌던 배봉기의 삶 이야기는 또 어떤가? "일상이 전쟁이었으니 전쟁 또한 삶이었다", "살아남았으니 살고자 했다"는 말은 그녀가 느낀 삶의 고단함과 고통의 깊이를 대면하게 해준다. 자기확증에 빠진 채 수치만 단순하게 읊어대고 있는 이영훈은 그런 말을 들을 생각도, 그 깊이를 느낄 수도 없는 것처럼 보인다.

⑦ 1년 뒤 1943년 후반에 부채를 다 변제한 위안부는 귀국할 수 있다는 명령이 내려졌으며, 일부는 조선으로 귀환했다(316쪽).

〈심문보고 49호〉에는 '위안부'의 폐업과 귀환에 대한 두 문장이 서술되어 있다. 이영훈은 《일본군 위안소 관리인의 일기》의 싱가포르 사례와 문옥주 사례를 들면서 '위안부'들은 '자유 폐업'할 수 있었고, 따라서 성노예가 아니었고 주장한다. 그러나 '자유 폐업'이란 계약 기간이나 선금이 남아 있어도 폐업할 수 있는 것을 의미한다. "부채를 다 변제한"이라는 조건이 달리면, 그건 자유 폐업이 아니다.

〈심문회보 2호〉에도 '위안부'가 전차금(선금)과 이자를 모두 갚으면 조선으로 돌아갈 수 있는 무상 통행권을 받을 수 있었지만, "전시상태 때문에 위안부 중에서 지금까지 떠난 사람은 단 한 명도 없다. 1943년 6월에 제15군 사령부가 채무를 청산한 여성들은 고향으로 돌아가도록 결정했지만, 채무를 청산하고 고향으로 돌아가기를 바라는 여성은 쉽사리 설득당해 남아 있게 되었다"고 기록되어 있다. 앞서 일본 본토 공창제와 달리 식민지 조선의 공창제는 여성의 자유 의사에 따른 폐업이 어려웠다. 이국 땅 전장에서 '위안부' 생활을 하는 여성이 부채를 다 청산하고 폐업하는 것은 구조적으로 더 어려운 일이었다. 그런 명령이 현지 사령부 차원에서 설령 있었더라도 실제 지켜지기 어려운 게 전쟁의 현실이었다.

02

일본군 '위안부' 피해자 이야기를 어떻게 들을 것인가

문옥주의 이야기를 절취하고 왜곡하다

일본군 '위안부' 문옥주 이야기는 이영훈이 자신의 주장을 뒷받침한다고 증언 일부를 절취하고 왜곡하는 방식으로 이용하는 주요 사례 가운데 하나다. 일찍부터 일본의 역사부정론자들이 그런 방식으로 문옥주 이야기를 활용해왔지만, 이영훈은 반복하는 수준이 아니라 더 악의적으로 활용하고 있다.

문옥주는 1991년 8월 14일 김학순이 스스로 일본군 '위안부'였음을 처음으로 공개 증언한 걸 보면서도 침묵하고 있었다. 그러던 어느 날 아주 오래 알고 지내던 이용낙이 문옥주를 찾아가 이것은 역사의 문제니까 당신이 부끄러워할 필요는 없다고 설득했다 한다. 이에 대해 문옥주는 어떤 감정을 느끼고, 어떤 생각을 했을까? "아, 드디어 그때가 왔다"고 문옥주는 생각했다. 이용낙이 "위안부였다는 것을 알아챘다고 하니 부끄러워서 몸이 작아지는 것 같았지만, 고민 끝에 이름을 밝히기로 결심했다"고 한다.[14]

문옥주를 도와주고, 말을 들어주며, 기록하고, 증언집을 펴냈던 모리카와 마치코森川真智子는 문옥주 할머니가 이름을 밝히도록 이용낙이 설득했던 것이 어떤 의미를 갖는지를 정확하게 이해하고 있었다고 한다.

"나는 최근에 와서야 내가 살아온 것이나 과거 위안부였던 것에 대해서 그건 역사의 한 단면이었다고 생각할 수 있게 되었어. 양반 출신 정치가들이 긴 곰방대로 담배를 벅벅 피워대며 세월아 네월아 하고 정치를 하고 있었으니 내 나라는 일본의 식민지가 되었지. 우리들이 겪었던 그 끔찍한 희생도 결국 그런 탓이라고 이해하고 있어. 나라가 제 할 바를 제대로 못하면 그런 일이 일어나는 거야."

"이렇게 이름을 밝힌 이상은 역사에 우리들의 존재를 제대로 남겨 두 번 다시 이런 일이 일어나지 않도록 하길 바래. 앞으로 일본 정부에 당당하게 사죄와 배상을 요구하는 운동을 해가고 싶어. 나는 이미 몇 번이나 일본에 가서 위안부 시절의 일을 증언했어. 그렇지만 일본 정부의 반응은 늘 차가워. 일본 국회에도 찾아갔지. 저금을 돌려달라고 일본 우정성과 싸우기도 했어. 미야자와 수상이 우리들에게 사죄했다고들 하는데 왜 우리들은 늘 문전에서 쫓겨나야 했는지

탈진실의 시대,
역사부정을
묻는다

이해할 수가 없어."[5]

문옥주 스스로 분명히 설명하고 의미 부여를 했음에도 불구하고, 이영훈은 문옥주가 '커밍아웃'을 결심했던 장면을 자기 의도대로 왜곡해 각색하고 주장한다. 이영훈은 이용낙이 문옥주를 "재촉"했고 서울 정대협에 전화를 걸었기 때문에 김학순에 이어두 번째로 고백하게 되었다고, 다시 말해서 마치 '커밍아웃'을 강요당했다는 뉘앙스로 서술한다. 또한 문옥주의 이야기가 방송을 타고 나가자, 왜 이름을 밝혔냐고, 돈(보상금) 때문에 신고한 거냐고, 다시는 만나지 않겠다는 친구와 친지의 전화를 받았고 그렇게 문옥주는 모두를 잃을 수밖에 없었다고 이영훈은 주장한다. 그러면서 이영훈은 버마에서 '위안부'로 같이 있던 "히토미는 잘 살고 있었으며, 일본인의 피를 잇는 아들은 장성해서 출세까지 했는데", "히토미는 자신의 과거를 문옥주가 폭로할까 봐 가슴을 졸였을 것"이라고 말한다(335~336쪽).

문옥주의 '고백'이 강요되었다는 뉘앙스로 서술한 이영훈의 의도는 분명하다. "정대협은 그들의 공명심을 충족하기 위해, 그들의 직업적 일거리를 잇기 위해" 문옥주 "개인의 인생사 따윈 아무래도 좋은 것으로 팽개치고" '위안부'를 앞세워 시위를 벌였고, "아무도 맞설 수 없는 전체주의적 권력으로 군림하였다"(337~338쪽)고 주장하기 위해서다.

그런데 이영훈이 정리한 히토미의 이야기는 사실일까? 히토미는 문옥주와 함께 끌려갔던 17명 중 생환한 3명 중 한 명이었다. 결론부터 말하면 문옥주가 과거를 폭로할까 봐 히토미가 가슴을 졸였을 것이라는 이영훈의 말은 백 퍼센트 소설이다. 히토미의 여동생이 자신을 찾아온 문옥주 할머니에게 "못을 박는" 말을 한 것은 사실이다. 이에 대해 모리카와 마치코는 다음과 같이 썼다.

> "문옥주 할머니는 그 여동생의 마음을 아플 정도로 이해했다. 자기 언니의 생활에 풍파를 일으키지 않도록 일부러 그렇게 매몰차고 심하게 얘기했던 것이다. 할머니는 결국 이름을 밝힌 일에 대해서는 한마디도 못하고 일부러 아무 상관없는 세상 돌아가는 이야기만 하고 돌아왔다. 히토미는 대구에서 조금 떨어진 곳에서 건강하게 살고 있었다. 키가 컸던 히토미였지만 세월을 비껴나가지는 못해 허리가 굽어 키가 작아졌다고 했다. 일본 병사의 피가 흐르는 그 외동아들은 훌륭하게 자라 출세했다고 한다."[16]

이영훈은 문옥주 이야기의 기록자인 모리카와가 서술했던 원래의 의미를 교묘히 곡해해서 절취하는 방식으로 자신의 입맛에 맞게 다시 썼다. 그러면서 이영훈은 히토미가 "건강하게 살고 있었다"는 표현을 "잘 살고 있었다"는 말로 바꾸고 그것이 마치 히토미가 자신의 '위안부' 과거를 고백하지 않았기 때문인 것처럼 인과관계를 설정한 후, 과거를 고백한 문옥주와 대비시킨다. 그러면서 이영훈은 다음과 같이 자신의 생각을 길게 이어나간다.

탈진실의 시대,
역사부정을
묻는다

그렇게 많은 여인이, 당시까지 생존한 수천 명의 여인이, 숨을 죽이며, 그들의 과거를 숨겼을 것입니다. 사랑하는 아들딸, 손자, 친구를 잃을 두려움에서였습니다. 저는 그 편이 더 진솔한 보통 사람들의 정서라고 생각합니다(336쪽).

버마에서 돌아온 뒤 45년간 그녀는 치열하게 그녀의 인생을 살았습니다. 고달프지만 보람찬 인생이었습니다. 그 모든 것이 사라졌습니다. 그녀의 친구, 친지, 그가 키운 자식들 모두가 그녀로부터 멀어졌을 겁니다.
저(이영훈)는 위안부제를 일본군의 전쟁범죄라는 인식에 동조하지 않습니다. …… 그것은 당시의 제도와 문화인 공창제의 일부였습니다. 그것을 일본군의 전쟁범죄로 단순화하고 줄기차게 일본의 책임을 추궁한 것은 한국의 민족주의였습니다. 이용낙과 같은 양반의 후예가 주체가 된 민족주의였습니다. 조선왕조 500년간 기생의 성을 약취한 그 양반 나부랭이의 반일 감정이 기생의 계보를 잇는 문옥주를 다시 한번 위안부로 동원하고 발가벗긴 겁니다(337쪽).

이영훈은 문옥주가 "자신의 인생을 사랑하고 자신의 가족을 사랑하고 그리하여 비천했던 집안이 자신에게 강요한 기생이란 직업에 충실하고 나아가 남의 자식을 네 명이나 키웠던 성실하고 영민하며 용감한 여성"이었지 "민족의 성녀"가 아니었는데, 정대협의 "폭력적인 심성"이 문옥주를 그리 내몰았다고 주장하고 있다(338쪽).

이영훈의 말에서 성폭력 피해자를 두고 이미 벌어진 일이고 가족의 체면이 있으니 더러운 똥 밟았다고 마음먹고 모질게 잘 살아가라고 충고하는 가해자 또는 결국 가해의 입장에 서서 말하는 자들의 모습이 보인다고 말하면 지나친 것일까? "그 편이 더 진솔한 보통 사람들의 정서"라는 이영훈의 발언에서 한국 사회에서 성범죄 '카르텔'의 뿌리 깊음을 절감했다고 한다면 지나친 것일까? 이영훈은 식민지와 점령지 여성을 '위안부'로 동원했던 일본군의 전쟁범죄에 대한 추궁을 "기생의 성을 약취한 양반 나부랭이의 반일 감정"과 "민족주의"가 문제였다고 물타기 하고 있다. 그는 이에 그치지 않고 "기생의 계보를 잇는 문옥주"를 들먹이면서 문옥주를 위한 척하지만 사실 그녀야말로 돈을 많이 번 자발적인 매춘부라고 발가벗기는 수작을 벌이고 있다.

찬탈당한 목소리를 돌려줄 수 있을까

문옥주 할머니는 1996년 10월 26일 생을 달리했다. 그래서 할머니를 직접 만날 수는 없었지만, 모리카와 마치코의 길잡이를 따라 문옥주의 목소리에 귀를 기울이려 했다. 단편적이긴 했지만 문옥주의 육성과 호흡이 담겨져 있는 증언 영상 자료가 도움이 되었다. 그리고 여러 증언집의 활자화된 말을 읽으면서, 문자와 문자 사이에 있었을 비문자적인 언어, 감정, 태도, 공기 흐름을 상상해보며, 그 말의 분절된 맥락들에 다가가려고 노력했다. 그렇게 나는 문옥주의 삶, 특히 그녀가 생환 후 한국에서 살아온 전쟁 같은 일상 경험이 어떠했을지, '커밍아웃' 하기 전까지 그녀의 마음과 몸에 가해진 여러 층위의 폭력들을 어떻게 견디고 살아왔는지, '커밍아웃' 한 이후 그녀가 되새김질하며 토해낸 과거와 현재의 이야기를 듣고자 했다.

1991년 12월 5일 문옥주가 정대협 공동대표인 윤정옥을 만났던 이야기에 한동안 내 시선과 마음이 머물렀다.

"내가 하나나 둘을 이야기하면 윤정옥 선생은 열이나 스물을 이해해주었어. 이렇게 위안부 문제를 진지하게 연구하고 있는 연구자가 있다는 것에 나는 놀라고 믿음직스럽고 또 고맙다고 생각했어. 밤에 잠을 잘 자지 못하는 일이나 발목이 아프다는 얘기까지 전부 말했어. 그러자 윤정옥 선생은, '할머니 정말 잘 밝혀주셨어요. 앞으로 할머니들의 이야기를 역사에 제대로 남기기 위해서, 그리고 일본이 사죄하고 응당한 벌을 받도록 함께 싸워가요'라고 말했어."

문옥주는 '위안부'였던 것이 별로 부끄럽지 않았지만 그렇다고 가족들에게 차마 말할 수 없었던 상처로 얼룩진 기억, 그 복잡한 마음을 윤정옥과 나눌 수 있었고, 그녀를 존경하게 되었다고 고백했다.[17] 1992년 3월 문옥주가 증언을 위해서 후쿠오카를 방문했을 때 문옥주와 모리카와는 처음 만났다. 그런데 문옥주는 공항에 들어서자마자 그를 마중나온 모리카와 등을 무시하고 두 팔로 얼굴을 가린 채 부리나케 지나쳐버렸다 한다. 그의 행동은 방송국 카메라를 피하기 위한 것이었지만, 모리카와는 거부당했다는 생각에 몹시 당황했고 가해국 시민으로서 어떻게 해야 할지 몰랐다 한다. 그 자리에 정대협 김선실도 있었다. 문옥주가 밥을 먹을 때도, 이동할 때도, 잠자기 전 이부자리에서도 당시 기억들을 쏟아냈는데, 김선실이 이 모든 이야기에 귀 기울여 들어주었다 한다. 모리카와는 "맞장구를 치거나 눈물을 흘리면서 지치지 않고 공들여 그 얘기를 듣던 모습이 아주 인상적"이었고, "한 사람이 가지고 있는 마음의 상처가 치유되어가는 과정의 모습을 보고 감동했다"고 쓰고 있다.[18]

모리카와는 1992년 8월 문옥주가 코를 골며 자는 모습을 보고 감동을 받았다. 문옥주는 모리카와를 처음 만났을 때 심한 불면증을 호소했다. 불면과 두통은 '위안부'들에게 그림자처럼 따라다니는 것이었다. 그런데 코를 골며 자고 있으니 "자기 속에 응어리져 있던 과거를 조금이나마 쏟아냈기 때문"이라고 생각했다. "당신이 위안부였다는 사실은 당신 개인의 수치도, 당신 집안의 수치도, 동네의 수치도 아닙니다. 그것은 일본이 저지른 전쟁범죄였습니다"라고 정대협이 문옥주에게 말해주었기 때문이라고 생각했다.[19] 여자의 정조를 강요하는 가부장제 사회에서 '위안부'들은 생환 후 자신의 잘못으로 질책하고 침묵과 억압을 받아들였는데,

피해자의 목소리를 있는 그대로 들어주고 피해자의 잘못이 아니라 가해자가 범죄자이고 그 범죄(자)에 맞서 함께 싸워야 한다고 말해주는 것이 문옥주에게 어떻게 다가왔을까? 이영훈이 말하는 "반일 민족주의로 동원하는 정대협의 폭력적 심성" 따위가 결코 아니다. 문옥주는 정대협을 만나고 그들의 말을 들으면서 그 이전의 삶과 관계의 속박, 말 못할 고통을 뚫고 나올 수 있었다. 67세가 되어 그녀는 그렇게 새로운 삶을 선택했다. 수치, 굴욕, 침묵이 뒤섞였던 세월을 뚫고 말이다.

문옥주는 옛 친구들을 일부 잃었지만, '위안부' 일을 알면서도 친구로 있을 수 있는 사람이 정말 친구라고 말했다.[20] 이영훈이 가족과 친구를 잃을까 봐 두려워 과거를 숨기는 것이 "더 진솔한 보통 사람들의 정서"(336쪽)라고 가해자들이나 할 법한 말을 했지만 문옥주는 강하고 주체적인 여성이었다. 생애 전체에 대한 그녀의 기억을 따라가다보면 자신이 처한 전쟁의 일상과 일상의 전쟁 속에서 얼마나 적극적으로 살아가려 했는지 저절로 몰입하게 된다. 그래서 그녀의 삶과 경험은 일면적이지 않고 다층적이고 심지어 갈등적인데, 그것을 염두에 두고 그녀의 생애 속 복잡한 이야기들의 맥락을 읽어야 한다. 모리카와가 듣고 기록한, 다음과 같은 "문옥주의 솔직한 심경"의 다층적이고 갈등적인 이야기를 '우리'는 어떻게 이해할 수 있을까?

"나는 그때 아무것도 모르고 그냥 열심히 위안부 생활을 했어. 술을 마시고, 담배를 피우고, 노래를 부르고 …… 폭격을 받고 도망을 다니거나, 정글 속에서 며칠씩 끔찍한 경험을 하면서 걸었어. 더 이상 그때 일은 할 말도 없어."

"나는 사람이 아니었어. 그 시절 나는 사람이 아니었어."

"그래도 나는 죽지 않은 것만으로도 운이 좋았어. 아버지가 나를 보살펴주셨기에 살아서 돌아왔다고 생각하고 있어. 아키압[아카브]에서, 사이공에서, 랑군에서, 몇 번이나 죽을 고비를 넘겼지만 나는 이렇게 죽지 않았으니까 …… 대구에 돌아와서도 얼마나 뼈 빠지게 일했는지, 대구에 있는 친구라면 누구나 내가 얼마나 힘들게 가족 전원을 보살폈는지 알고 있을 거야."

"그때 버마에서 적어도 돈이라도 가지고 돌아가자, 돈이 없으면 어머니를 편하게 모실 수 있으니까, 라고 생각해서 필사적으로 돈을 모았지만, 결국 나는 평생 일해야 했지. 남자들은 왜 그런지 모르겠지만 나를 좋아했어. 당신은 눈이 동그란 것이 아주 예뻐, 라는 얘기를 자주 들었어. 그래서인지 다른 예쁜 여성들과 나란히 있을 때에도 내가 지명당하는 일이 많았지. 거기다 지금은 이렇지만 그 당시만 해도 내 목소리는 맑고 예뻐서 높은 음도 잘 낼 수 있었고 노래의 미묘한 감정도 잘 살리며 부를 수 있었어. 내 노래는 일본 군인들을 즐겁게 했던 것 같고, 나는 나대로 군인들이 즐거워하는 모습을 보는 것이 그리 싫지는 않았어."

"그리고 힘들겠지만 살아 돌아가 부모님께 효도하라고 격려해준 것
은 스짱[애인]이었던 야마다 이치로뿐만이 아니었어. 일본 병사 중
에 좋은 사람도 많았고 그 사람들도 다들 고생을 했기 때문에 불쌍
했어."[21]

문옥주의 증언이 여러 개의 큰 따옴표 문장으로 분절된 채 연
이어 구성되어 있다. 한 번에 말한 듯 보이지만, 1992년 봄부터
1995년 여름에 걸쳐 여러 차례 듣고 기록한 것이다. 평생 일해야
했다는 말과 남자들은 나를 좋아했다는 말이 한 문단으로 연결되
어 있다. 구술 녹취 원본을 들어보지 못했지만, 모리카와가 그렇
게 연결한 이유를 알 것 같다. 더 말하고 싶지 않은 전시 '위안부'
생활과 생환, 한반도에서의 또 다른 전쟁, 가부장제를 온몸으로
지탱했으나 '위안부'였음을 정말 어렵게 고백하자 관계를 끊는 사
람들. 그리고 새로운 삶. 죽음을 앞두고 문옥주는 군 '위안부' 생
활 속에서도 자신이 빛났다고 생각하는 생의 한 장면, 자신에게
따뜻하게 대해줬지만 죽은 애인 야마다 이치로, 고생 많았던 불
쌍한 일본 병사들을 떠올린다.[22]

문옥주의 솔직한 심경을 되새기면서 나는 끊임없이 스스로 묻
고 답하는 말 속에 아로새겨진 김복동의 고통과 날선 감각을 떠
올릴 수 있었다. 배봉기의 삶도 연상된다. 그것은 일본군 '위안부'

피해자들이 끝내 살아낸 삶과 경험들, "내가 겪은 일들을 이해할 길 없었기" 때문에 60대가 되었지만 그 답을 찾겠다는 할머니들의 각기 나름의 방법이었다. 문옥주의 증언은 끔찍한 경험과 빛나는 장면, 자기 가족을 먹여살린 장면이 한데 맞물리면서 동거하고 있다.

그런데 이영훈은 이 대목을 교묘하게 편집해서 축약시킨 다음, 마치 그대로 문옥주의 말을 옮기는 것처럼 큰 따옴표를 달고 정리하면서 이렇게 말한다.

그렇게 그녀는 죽는 날까지 결코 일본을 저주하지 않았습니다. 양반 나부랭이들이, 직업적 운동가들이 품은 반일 종족주의의 적대 감정과는 거리가 먼 정신세계였습니다(338쪽).

근현대시기 여성의 정신과 몸에 가해진 다층적인 폭력의 구조들을 뚫고 나와 살아낸 생애 이야기, 그래서 때로는 마음의 갈등과 기억의 상충이 일어날 수밖에 없는 문옥주 이야기를, 이영훈은 조금도 공감할 수 없고, 전혀 이해할 수 없는, 그야말로 폭력적인 심성을 여과 없이 드러냈다. 이영훈과 일본 역사부정론자들이 왜곡하고 찬탈했지만, 김학순에 이어 '미투'했던 문옥주의 목소리를 '위드유' 하며 듣는 '우리'가 부정의 '백래시'에 맞설 것이다.

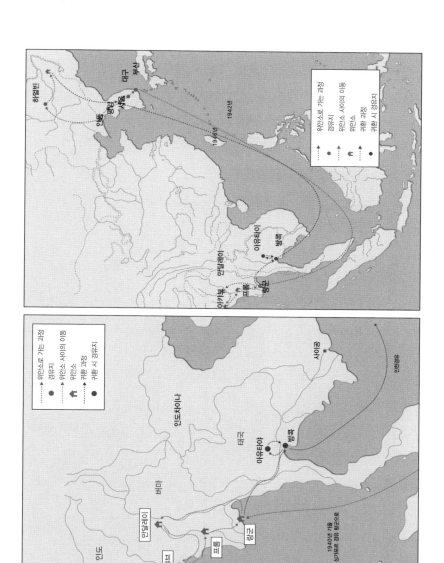

〈지도 1〉
문옥주의 이동경로 [23]

03

작별의 아리랑을 부른
조선인 '위안부'

: 버마 미치나의 조선인 '위안부' 이야기 [24]

전쟁과 사진병

사진은 있는 그대로의 현실일까? 카메라 뷰파인더에 포착된 현실은 전체 현실 중 일부만 보여준다. 즉 사진에는 '사각blind side'이 존재하며, 어떤 현실은 감춰진다. '시각seen side'과 '사각'은 사진가의 위치에 따라 구조적으로 결정된다. 군 사진가는 그 위치가 전선戰線에 의해 제약된다. 전쟁 현실의 기록이 전쟁 사진의 일차 목적이지만, 어떤 것은 시각화되고, 어떤 것은 사각화되는 것도 분명하다.[25]

전쟁 사진의 중심 피사체는 군이다. 미군 사진병은 아군의 전투, 작전회의, 휴식, 식사 등 인물 중심으로 클로즈업했다. 피사체가 사물의 경우, 무기체계, 기지 및 수용소 건물, 비행장, 도로, 다리 등 여러 시설물, 작전의 다양한 결과 등을 포착했다. 적군 피사체도 많다. 이 경우 주로 '그들'인 적 포로와 적의 잔학 행위—포로 학대 행위, 학살 등—를 시각화한다. 민간인 피사체도 등장한다. 민간인은 '아' 또는 '적'의 편에서, 또는 그 사이의 위치에서 포착된다. 적에 의해 구금되어 억류되었던 연합국 민간인, 전투·점령 지역의 주민과 난민, 적군과 함께 있는 민간인 등으로 미군 사진병의 시선에 자주 포착되었다. 미군 사진병의 시선은 이 민간인들의 위치가 정확히 어느 편에 있는지 몰라서 혼동스러워 하는 듯하다.

　그 가운데 눈길을 사로잡는 사진들이 있다. 최전선의 일본군 포로와 함께 있는 민간인 여성들이다. 이 여성들은 누구일까? 사진병은 어떻게 이 여성들을 만났을까? 사진병은 어떤 의도와 목적으로 그녀들을 뷰파인더로 포착했을까? 사진병은 그녀들을 어떻게 인식하고 이해했을까? 이 질문에 답하기 위해서는 전쟁터에서 여성들을 만난 사진병들이 누구이고 어떤 작전과 사진활동을 했는지 알아야 한다. 그것을 알기 위해서는 그 배경이 되는 아시아·태평양전쟁에서의 연합군의 '버마작전'도 이해해야 한다.

　1941년 12월 8일 '진주만 습격'으로 일본과 미국 간 전쟁이 시작되었던 바로 그날, 일본은 '남방작전'을 감행했다. 필리핀, 홍콩, 말레이, 프랑스령 인도차이나(현 베트남, 캄보디아, 라오스), 네덜란드령 동인도(현 인도네시아) 등을 일제히 공격해 점령했다. 그리고 애초 남방작전에 포함되어 있지 않은 버마(현 미얀마)를 침공

〈지도 2〉
레도-버마 도로 지도

해서 영국군을 연전연패시켰다. 영국군을 지원했던 스틸웰 장군과 장제스의 미중연합군도 패배했다. 일본군은 '원장援蔣루트'(장제스의 국민당군을 지원하는 보급로)의 핵심이었던 '버마 도로'와 '레도 도로'를 차단하고 중국을 봉쇄하기 위해 버마를 침공했던 것이다. 그 후 중국-버마-인도 전역에서 연합군과 일본군은 이 도로를 둘러싸고 일진일퇴를 거듭했다.

1944년 5월부터 스틸웰 장군이 지휘하는 미중연합군과 장제스의 윈난 원정군(Y군)이 동시에 각각 레도 도로와 버마 도로를 따라 진격했다. 레도 도로의 요충지는 바로 버마 북부 카친주 주도인 미치나였다. 미중연합군은 일본군의 저항만큼이나 험난한 정글과 장마를 뚫고 미치나에 당도했고, 피비린내 나는 공방전을 벌였다. 미치나를 점령한 연합군은 맨 먼저 일본군 포로를 심문했다. 적 지휘관, 부대 배치와 병력, 후퇴 상황, 무기 수준, 군인의 사기 같은 정보를 얻으려고 했다. 포로 심문은 '니세이'라는 일본계 미군 정보병사가 맡았다.

미치나에서 찍은 사진 3컷

미중연합군에는 사진부대도 배속되어 작전을 수행했다. 164통신사진중대 A파견대가 레도 도로에서 사진활동을 했다. 이 부대에 스틸사진병 프랭크 시어러Frank W. Shearer가 있었다. 그는 영상카메라맨 다니엘 노박Danial Novak 등과 한 팀을 이루어 미치나 전투를 촬영했다. 프랭크 시어러는 말 그대로 목숨을 걸고 사진작전을 수행했다. 때로는 좋은 사진을 촬영하기 위해서 적군을 등지고 참호를 향해 돌격하는 아군을 찍기도 했다. 실제 그는 머리를 다치는 심각한 부상을 입기도 했다.

현재 '위안부' 관련해서 그가 촬영한 사진 3컷이 전해지고 있다. 한 컷은 1944년 8월 3일 미중연합군의 미치나 점령 직후 포로로 잡힌 한 여성–조선인 간호부–을 촬영한 것이고, 다른 두 컷은 8월 10일 포로로 잡힌 20명의 조선인 '위안부'와 업자를 촬영한 것

〈사진 1〉
비행장에 있는 헌병 구금소에서 일본인 통역병 칼 요네다 병장이
조선인 여성 김 씨가 일본의 '위안부'였는지 질문하고 있다.
김 씨는 버마 미치나에서 간호사로 복무했다.

이다. 여성들이 포로로서 심문받고 있는 장면이다.

〈사진 1〉의 여성은 김 씨 성의 조선인 간호사로 미야모토 키쿠에라는 일본 이름을 갖고 있었다. 1944년 8월 3일 포로 심문 때 미국 전시정보국 레도 팀의 칼 요네다 병장은 김 씨 여성에게 '위안부'인지를 물었다. 실제 칼 요네다가 쓴 일기에는 그녀가 '위안부'로 기록되었고, 이 심문을 알고 있던 포로 심문 책임자인 원 로이 챈Won-Roy Chan 대위의 회고록에도 그렇게 기록되었다. 그러나 그것은 오인이었다. 칼 요네다는 '위안부'로 단정하고 간단한 심문만 했고, 원 로이 챈도 김 씨의 옷차림으로 보아 '위안부'였다고 속단했으며, 김 씨에게 "가치 있는 정보가 없다"고 판단하고 "레도로 가는 비행기에 태웠다."[26]

사진 속 장소는 미치나 북부 비행장 안에 설치된 가설 구금소다. 사진병 프랭크 시어러는 한 여성이 일본군과 함께 포로로 잡혀 들어왔다는 소식을 듣고 구금소로 왔다. 원 로이 챈도 포로가 된 김 씨 여성이 병사들의 큰 관심과 호기심의 대상이었다고 회고했다. 흥미로운 것은 시어러가 이 사진을 설명하면서 "칼 요네다 병장이 김 씨에게 일본군 '위안부comfort girl'인지를 묻고 있다"면서 "김은 미치나에서 간호조무사로 복무했다고 썼다"고 했다.

실제 김 씨는 레도 팀의 추가 심문을 통해 간호사로 판명되었다. 1944년 8월 8일 레도 팀의 '막내' 야쿠네 겐지로Akune Kenjiro가 김 씨를 심문했고, 9월 4일 심문 결과를 보고했다. 보고 내용에 따르면, 그녀는 당시 28세였고, 일본군 제2야전병원 소속 간호사

〈사진 2〉
원 로이 챈 대위, 로버트 혼다 병장, 히라바야시 병장은
미치나 근처에서 포획된 3명의 조선인 '위안부'들을 심문하면서 사진을 찍었다.

〈사진 3〉
미치나에서 전쟁포로를 담당한 챈 대위가 포로가 된
일본군 '위안부'들과 함께 있다.

였다. 만주에서 태어나 평양에서 소학교를 졸업했고, 평양 간호부 양성학교에서 1년 교육을 받았으며, 1942년 8월 버마에 도착했다. 김 씨는 조선인 간호사로서 일본인 의사에게 심하게 차별받았던 사실("개처럼 대했고 짐승처럼 일을 시켰다")과 연합군의 포로가 되면 강간당해 죽을 것이라는 일본의 사상 주입 등에 대해 답했다. 또한 김 씨는 일본인뿐 아니라 조선인 친일 경찰에 대한 적개심을 드러냈다.[27]

〈사진 2〉, 〈사진 3〉은 포로로 잡힌 20명의 조선인 '위안부'와 일본인 '마마상'(포주)을 피사체로 담고 있다. '위안부' 포로들에 대한 1차 심문은 원 로이 챈 대위 일행이 진행했다. 〈사진 3〉 왼쪽에 일렬로 앉아 있는 미군은 원 로이 챈 대위, 하워드 후루모토Howard Furumoto 병장, 그랜트 히라바야시Grant Hirabayashi 병장, 로버트 혼다Robert Honda 병장이다. 이 여성들에 대한 첫 심문은 언제, 어떤 내용으로 진행되었을까?

챈 대위의 회고에서는 이 여성들이 포로수용소에 들어온 직후 심문이 진행되었던 것으로 보인다. 그런데 뜻밖에도 프랭크 시어러가 이 사진을 촬영한 것은 8월 14일이었다. 〈사진 2〉는 3명의 여성을 심문하는 모습을 담고 있는데, 그랜트 히라바야시가 제18사단과 제56사단(미치나 수비대)의 지휘관급 장교 사진들을 보여주면서 정보를 얻기 위해 심문하고 있다. 일본어를 못했던 챈 대위는 이를 지켜보고 있다. 사실 심문받고 있는 여성들도 일본어를 잘 하지는 못했다. 이에 대해 챈은 "침실과 부엌에서 쓰이는 약간의 일본어로 극단적으로 제한적"이었고 "정신적 혼란, 공포, 부족한 교육수준이 더해져서" 심문은 원활하게 이루어지지 않았다고 회고했다. '위안부' 중 한 명이 제18사단 114연대장 마루야마 대좌를 확인해주었을 뿐 가치 있는 정보를 얻을 수 없었다고 했다.[28]

기념 촬영 구도의 사진 속 '위안부'들의 표정과 시선이 눈길을 끈다. 둘은 아예 고개를 숙였고, 두세 명만이 카메라를 응시하고 있을 뿐 대다수는 다른 곳을 바라보고 있다. 챈의 말대로 여성들이 다소 망설였지만 차츰 안심하고 있는 것일까?

미군과 '위안부'들 사이의 소통을 위해 나선 것은 '마마상'(〈사진 3〉에서 제일 오른쪽)이었다. 마마상은 그랜트 히라바야시 병장을 통해 여성들의 운명에 대해 물었다. 챈과 히라바야시는 그녀들이 여기에 잠시 갇혀 있다가 인도로 보내진 후 결국에는 조선으로 돌아가게 될 것이라고 답해주었다. 그때서야 여성들은 안도의 표정을 지었지만, 공포감이 완전히 해소된 것은 아니었다. 버마라는 먼 이국땅으로 끌려와 2년 넘게 위안소에서 지내면서 남은 것이라곤 마마상의 오비(기모노의 띠) 속에 감춰진 일본군 군표밖에 없었다. 이 군표 더미는 이제 가치 없는 골동품에 불과했다. 챈은 이를 안타깝게 여겨 군표 두 뭉치를 다른 물건으로 바꿔주었다. 군표가 사실상 휴지조각이 된 것을 아는지 모르는지, '위안부'들은 미군에게 군표들을 일부 '삥'만 뜯긴 채 전부 빼앗기지 않았다고 이해하는 눈치였다. 걱정과 안심 사이에서 요동치는 감정이었을까?

미치나 비행장에서의 마지막 날, 챈 대위 일행은 조선인 '위안부'들을 "위안"하는 뜻에서 작은 송별회를 열어 노래를 불러주었다. 기타를 치며 미국, 일본, 하와이의 포크송을 불렀다. 그 답례로 여성들은 '아리랑'을 불러주었다 한다. 다음 날, '위안부'들은 버마를 떠나 인도 레도로 보내졌다.

프랭크 시어러가 찍은 3컷의 사진 관련 기록을 조사하다가 두 가지 흥미로운 사실을 알게 되었다. 하나는 당시 챈 대위가 사진 촬영과 현상을 직접 요청했다는 기록이 있다. 챈은 현상된 사진을 받아 소장하고 있다가 1986년 《버마-비화》라는 회고록을 출간할 때 게재했다. 챈은 자신의 회고록에서 다섯 쪽에 걸쳐 미치나에서 만났던 조선인 '위안부'들과 있었던 일을 자세하게 소개했다. 1986년이라는 시점은 김학순 할머니가 '커밍아웃'한 1991년 8월보다 이전 시점이었고, 일본군 '위안부' 문제가 널리 알려지기 전이었다. 1986년 출간된 책에서 미치나의 조선인 '위안부'를 포착한 사진과 함께 그녀들의 이야기가 서술된 것을 보고 나는 놀라지 않을 수 없었다. 게다가 챈은 아래와 같이 서술했다.

조선 위안부들에 대한 그 어떤 공식 기록도 없다. 제2차 세계대전 동안 제국 일본군이 이 불행한 젊은 여성들을 얼마나 많이 위안부로 강요했는지 아무도 모른다. **20만 명 넘게 추산된다.** 대부분 조선 농민들(자작농과 소작농)의 딸들—일부는 도시 빈민가로부터 왔거나 일부는 이전부터 가장 오래된 직업에 종사해왔을지라도—이 1935년과 1945년 사이에 헌병대에 의해 모집되었고 중국, 버마, 괌, 말레이, 필리핀, 네덜란드령 동인도로, 사실은 **일본군이 배치되었던 광대한 태평양 전역 어디로든 보내졌다. 수천 명이 태평양, 동남아시아, 그 밖의 여러 곳의 피비린내 나는 전투에서 학살되었다.** 일본의 항복에 따라 많은 위안부들이 연합군에 의해 송환되었고, 종국에는 한국으로 돌아갔다. **일본인들은 제국군의 역사에서 이 부분에 대한 모든 기록들을 파괴했다.** 단지 몇몇 사진만이 오늘날 남아 있다. …… 아무도 그들이 전쟁에서 살아남았던 사람들임을 알지 못한다. 대부분의 위안부들은 오늘날 60대 초·중반이 되었을 것이다. 1950년과 1953년 사이에 주한 유엔군의 보고에 따르면, 위안부의 일부는 한국으로 돌아온 이후에도 계속 그 직업에 종사했다. 또한 일부는 오키나와에서 그렇게 했다. 그러나 대다수 위안부들이 강요받았던 일로 인한 오명과 부끄러움은 연구를 막고, 공식 기록의 부재는 여전히 살아 있는 사람들에 대한 운명에 대해 짐작하게 할 뿐이다.

다른 하나는 시어러가 사진 속 여성들을 가리켜 'comfort girl(위안부)' 용어로 분명히 인식했다는 점이다. 시어러가 일본군 '위안부'에 대해, 특히 'comfort girl'이라는 용어를 처음부터 알았을 가능성은 극히 적다. 칼 요네다와 챈 대위 일행의 심문을 통해서 이해했을 것이다. 특히 요네다가 소속한 전시정보국 레도 팀의 심문보고서에는 1944년 초부터 '위안부comfort girl' 제도와 위안소 comfort station 정보를 본격적으로 다루고 있었다. 1943년 '위안부'

를 'prostitutes'로, 위안소를 'brothel'이라는 용어로 포착했던 것과 비교된다.

두 심문보고에서 그녀들의 이야기를 읽다

이 '위안부'들을 레도수용소에서 본격적으로 심문해 보고서를 작성한 레도 팀 정보병사가 바로 알렉스 요리치였다. 그는 "2주 동안 그녀들을 한 명씩 자세히 조사하여 방대한 보고서를 작성하고 본부에 제출했다" 한다. "거기에는 '극비'라는 도장이 찍혀 있었다."[29] 그 보고서가 바로 〈심문보고 49호〉다. 그리고 영국의 동남아번역심문센터가 작성한 〈심문회보 2호〉가 있다.

두 보고서를 종합하면, 여성들은 일본군의 요청을 받은 업자들의 취업 사기 또는 강압에 의해 위안소로 간다는 사실을 모른 채 버마로 끌려왔다. 1942년 5월 조선군사령부의 요청에 따라 조선인 '위안부'의 모집이 시작되었다. 여성들은 열악한 가정환경과 낮은 교육수준 때문에, 동남아에서 일을 하면 돈을 벌 수 있다는 감언이설에 속아 말 그대로 '유괴'를 당했다. 여성들이 위안소에서 쉽게 빠져나올 수 없도록 가족에게 선불금(전차금)이 지급되었고, 이로 인해 소위 '채무노예' 상태가 되었다. 이 여성들은 1942년 7월 10일 부산항에서 총 703명의 다른 조선인 여성들과 함께 배를 타고 출발했다. 이 배의 승선권도 조선군사령부가 제공한 것이었다. 배는 타이완과 싱가포르를 거쳐 최종적으로는 8월 20일 버마 랑군에 도착했다.

랑군에 도착한 조선인 여성들은 20여 명 규모의 무리로 나뉘어 흩어졌다. 20명의 조선인 여성들은 이곳에서 군 '위안부'가 되어 일본군 제18사단 114보병연대(마루야마 부대)에 배속되었다. 여성들이 부대를 따라 타웅우, 메이크틸라, 메이묘를 거쳐 최종적으로 향한 곳은 버마 북부의 미치나였다. 1943년 1월이었다. 여성들이 있었던 위안소는 교에이였는데, 이곳의 원래 이름은 마루야마 클럽이었다. 그러나 1943년 114연대 연대장으로 마루야마 대좌가 부임하자 이름이 바뀌었다.

교에이 '위안부'들이 있던 위안소는 원래 침례교의 미션스쿨 건물이었다. 이곳에서 각자 독방을 배정받았다. 처음 미치나에 도착했던 1943년 초는 경제 사정이 나쁘지 않았다. 그러나 1943년 말부터 물자가 부족해지고 물가가 급격하게 오르면서 생활이 어려워졌다. 일본군이 규칙적인 배급을 하지 않았기 때문에 음식은 위안소 포주 부부가 제공하고 있었는데, '위안부'들에게 의류나 생필품 등을 과도한 가격에 팔면서 추가 이득을 얻고 있었다. '위안부'들이 고향으로 돌아가기 위해서는 선불금과 이자를 포함한 모든 빚을 갚아야 했지만, 이것은 매우 힘든 일이었다. 군 사령부가 '위안부'의 귀향을 허락했을 때도 미치나에서 실제 돌아간 사람은 아무도 없었다.

여성들은 위안소에서 일본군의 철저한 통제와 관리를 받았다.

114연대의 연대본부에서 온 마가수에 대위가 책임연락장교로 위안소를 관리했다. 위안소에 드나드는 사람들의 신원을 확인하기 위한 병사들도 파견되었고, 헌병들이 위안소 주위를 경비했다. 일본군은 위안소의 이용 일정표를 만들었고, 위안소 이용요금을 마루야마 대좌가 깎기도 했다. 연합군의 공격을 받아 미치나가 함락 위기에 처했을 때조차 '위안부'들은 일본군과 함께하도록 강요받았다. 폭격이 시작되자 여성들은 참호로 들어갔는데, 심지어 그런 상황에서도 몇몇은 '일'을 해야만 했다. 미치나가 함락되기 직전인 1944년 7월 31일 밤 미치나의 모든 '위안부'와 업자는 작은 배를 타고 이라와디강을 건넜다. 일본군을 따라가던 이들은 부하들을 버리고 도망가는 마루야마 대좌를 보았다. 며칠 뒤 와잉마우 근처 정글에서 연합군과 일본군의 교전이 벌어졌고, 교에이와 모모야위안소(중국인 위안부 21명) 무리는 일본군에서 떨어져 나왔다. 긴수이 '위안부' 20명은 일본군과 함께 후퇴했다. 중국인 '위안부'들은 중국군에 투항했고, 교에이위안소 '위안부'들은 버려진 민가로 대피해 머물러 있다가 8월 10일 영국군 장교가 이끄는 카친족 병사에게 붙잡혀 포로가 되었다. 그렇게 잡혀온 곳이 미치나 비행장의 포로수용소였다.

포로가 된 '위안부'들은 인도 아삼주에 있는 레도로 보내졌다. 레도에는 중국 장제스에게 물자를 보내기 위한 미군 보급기지가 있었다. 전시정보국 레도 팀이 포로수용소에 있는 수백 명의 일본군 포로들을 심문했던 곳이기도 하다. 조선인 '위안부' 여성들은 업자와 함께 3개 텐트에 수용되었다. 그곳에서 알렉스 요리치에게 22일에 걸쳐 자세한 심문을 받았고, 〈심문보고 49호〉가 작성되었다. 그 후 '위안부'들은 인도 뉴델리로 옮겨졌다. 그곳에는 영국군과 미군이 포로 심문을 하던 합동심문센터가 있었다. 그 장소에서 〈심문회보 2호〉가 작성되었다.

그녀들은 돌아왔을까

조선인 '위안부'의 행적은 뉴델리에서 끝나지 않는다. 그녀들이 귀환하는 과정을 알려주는 자료들이 2017~2018년에 걸쳐 발굴되었다. 조선인 '위안부'들이 보내진 곳은 뉴델리 남서쪽에 위치한 데올리Deoli수용소였다. 이곳에는 일본인 민간인과 간호사 포로들이 수용되었는데, 국제적십자사가 1945년 2월에 조사 보고한 내용에 따르면, 미치나에서 포로로 잡힌 조선인 '위안부'들도 이곳에 구금되어 있었다. 그녀들의 업자 기타무라 부부는 주로 일본군 포로들이 수용되어 있던 비카너Bikaner수용소에 분리, 구금되었다.

1945년 8월 전쟁은 끝났지만, '위안부'들의 전쟁은 끝나지 않았다. 그녀들은 대개 해를 넘겨 일본군 포로와 함께 연합군 포로수용소에 같이 구금되었다. 그녀들 스스로 돌아가기에는 너무나 먼 곳에 와 있었다. 1946년 5월 17일 인도 서쪽 해안의 항구도시인 카라치에서 중국과 인도를 오가는 연락선 말로하Maloja호가 출항

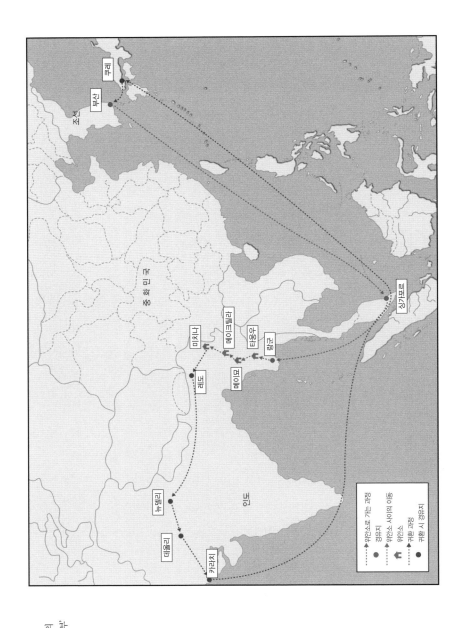

〈지도 3〉
버마 미치나의
조선인 '위안부'
이동경로

했다. 승선 기록에 따르면, 이 배에 조선인 '위안부'들과 아이 24명이 타고 있었다.[30] 그렇게 모두 한국에 돌아왔는지, 도중에 다른 곳에 내렸는지 우리는 알지 못한다. 2018년 KBS 시사기획 창 제작팀과 국사편찬위원회 연구팀이 지구 반 바퀴를 돈 조선인 '위안부'들의 이동경로를 추적했다. 제작팀은 〈심문보고 49호〉 '위안부' 명단 14번째 '순이'의 귀환 행적을 조사했고 몇 개의 단서 조각만 얻을 수 있었다.

그녀들은 우리 앞에 서지 못했다. 그리고 증언하지 못했다. 그러나 연합군이 남긴 사진과 관련 보고서, 챈 대위의 회고록을 통해서 그녀들의 이야기가 우리에게 전해졌다. 그녀들은 어디에서 누구와 함께 어떤 삶을 살아갔을까?

04

전리품으로 남은
만삭의 '위안부'

: 중국 윈난성 쑹산과 텅충의 조선인 '위안부' 이야기[31]

미군 사진병이 찍은 스틸사진의 시각과 사각

만삭의 여성이 비탈에 기대 힘없이 눈을 감고 있다. 카메라 촬영은 안중에 없는 듯, 바로 옆 여성은 산발인 채 다른 곳을 보고 있다. 남성 옆의 긴 머리 여성은 왼팔에 피가 스민 붕대를 둘렀다. 그녀도 카메라의 시선을 외면하고 있다. 얼굴에 화상을 입은 가운데 여성만이 카메라를 정면으로 응시한다. 다들 고통스러워 보이거나 넋이 나간 표정이다. 여성들 모두 맨발이라 급박함마저 느껴진다. 반면 왼쪽 끝 남성은 카메라의 시선을 의식하고 웃으면서 여유로운 포즈를 취하고 있다. 그렇다. 이 사진은 이 남성을 위한 기념사진인 것이다. 여성들은 누구이고, 남성은 누구일까? 누가 어떤 목적으로 촬영했을까?

〈사진 4〉
버마 로드에 있는 쑹산 야산의 한 마을에서
중국군 제8군 병사가 포로로 잡은 '위안부'들과 사진을 찍고 있다.

여성들은 조선인 '위안부'다. 그 가운데 만삭의 여성은 박영심이다. 2000년 일본 도쿄에서 열린 일본군 성노예전범 여성국제법정 때 '위안부' 피해자 박영심이 사진 속 여성이 자신임을 증언했다. 사진 찍힐 당시 그녀는 하혈 중이었고, 사산했다.

박영심은 1939년 평양 근처 남포에서 중국 난징으로 끌려가 '위안부' 생활을 강요받았다. 1942년에는 상하이를 거쳐 배를 타고 버마(지금의 미얀마) 랑군으로 강제 동원되었고, 이후 라시오로 이동했다. 남방(동남아) 일본군사령부가 '위안부' 동원을 요청했고, 중국 및 조선의 일본군사령부에 의해 이루어진 것이었다. 1943년 여름에는 다시 버마와 중국의 국경 지역인 쑹산으로 이동했다.

> 지옥 같은 금수로위안소(난징의 긴스루위안소)에서 약 3년간 있다가 일본군 병사 2명의 호송을 받으면서 상해를 거쳐 먄마(미얀마) 랑군 부근의 라슈(라시오)위안소에서 치욕스러운 2년간의 세월을 흘려보낸 후 나는 다시 먄마(미얀마)–중국 국경지대인 '마쯔야마'(송산)로 끌려갔는데 그곳은 최전선 지대였다. 매일 수많은 폭탄과 포탄이 날아와 터졌다.[32]

쑹산은 일본군과 연합군이 크게 부딪칠 수밖에 없는 요충지였다. '버마 도로의 지브롤터'라는 별명이 붙을 정도였다. 미국 등 연합군이 충칭에 있는 장제스를 지원하려면 쑹산을 통과해 살윈강(누강)을 건너야만 했기 때문이다. 그곳에 일본군 수비대가 배치

됐기에 박영심을 비롯한 조선인 '위안부' 24명도 끌려왔다. 미중연합군(Y군)이 버마 도로를 탈환하기 위해 쑹산 등 일본군 수비대의 거점들을 공격하리라는 것은 충분히 예상된 일이었다.

중국과 버마 국경 지역의 작전을 관할했던 일본군 제33군은 사전에 암호 해석으로 미중연합군의 대대적인 공격을 예상하고 있었지만, 일본군 수비대에게 끝까지 싸우도록 지시했다. 그 결과 '옥쇄'라는 미명하에 모두 강제적 집단죽음으로 몰아넣었다. 일본군은 수비대에 배속된 '위안부'들에게 함께 살고 함께 죽을 것을 강요했다. 여성들은 그저 살아 있는 '특종 보급품'에 불과했다. 약 50일간의 접전 끝에 일본군은 전멸 직전이었고 군기가 태워지자 '위안부'들은 일본군에 의해 학살될 수밖에 없는 운명이었다.

사진 속 박영심 일행이 참호에서 탈출했을 때는 그런 급박한 상황이었다. 가까스로 탈출한 그녀들은 근처 수무천 강가에 이르렀다. 밭에 널브러진 옥수수로 허기진 배를 채우면서 잠깐 숨을 돌렸지만, 이내 리정자오(이정조)라는 중국인 농부에게 발견됐다. 그렇게 그녀들은 중국군 제8군의 포로가 되었다.

〈사진 4〉는 미중연합군의 포로가 된 '위안부'들의 순간을 포착하고 있다. 웃으면서 포즈를 취한 중국군 병사는 포로로 잡은 여성들을 어떻게 인식했을까? 적(일본군)과 함께 있던 민간인 여성이자 포획한 전리품으로 여겼을 것이다. 맨발인 여성들의 고통스러운 표정과 중국군 병사의 웃음이 대조적으로 시각화된 사진 구도를 볼수록 그렇게 해석된다.

탈진실의 시대,
역사부정을
묻는다

사진을 촬영한 이는 미 육군 164통신사진중대 B파견대 소속 찰스 해티필드Charles H. Hatifield 이병이다. 그의 시선도 마찬가지다. 해티필드는 이 여성들이 조선인 '위안부'임을 전혀 인식하지 못했다. 그저 적이 전멸되는 전장에서 적군과 함께 있다 생존한 일본인 여성으로 오인했다. 해티필드가 당시 쑹산에서 촬영한 사진 10여 장 가운데 '위안부'를 피사체로 삼은 사진은 4장인데, 그는 사진 설명에 여성 모두를 '일본인 여성Jap girl'으로 기록했다.

쑹산의 참호들이 완전히 장악된 1944년 9월 7일 해티필드가 촬영한 〈사진 5〉를 보면, 이런 인식을 담은 사진 구도가 더욱 분명해진다. 사진 속 여성은 전멸 직전 지옥에서 살아남았다. 해티필드는 미군 기술병이 여성을 치료해주는 모습을 담았다. 그는 미군이 인도주의를 발휘해 포로로 잡은 일본 민간인 여성을 돕는 모습을 포착하려 했던 것 같다. 흥미로운 것은, 바로 그 뒤에서 노획한 일장기를 들고 있는 중국군 병사들이다. 일장기는 일본도와 함께 연합군의 기념사진에서 자주 등장하는 전리품이다. 다시 말해, 이 사진은 민간인 여성을 구원한다는 인도주의적 시선과 적의 여성을 전리품으로 취급하는 남성적 시선이 겹쳐 있다.

쑹산에서 해티필드와 함께 사진 활동을 했던 조지 코쿠릭George L. Kocourek의 〈사진 6〉에서 변화가 감지된다. 코쿠릭은 쑹산 함락 뒤 하루가 지난 9월 8일, 심문 장면을 찍었기에 이 여성들이 조선인이라는 사실을 알았다. 아마 '위안부'임도 알았을 것이다. 사진에서 가장 두드러지는 변화는 심문하는 중국군 장교와 그 뒤에

〈사진 5〉
9월 7일 생존한 '위안부'가 미군에게
상처를 치료받고 있다.

〈사진 6〉
중국군 제8군사령부 참모 신카이 대위와 미군 연락팀 비슬러 병장이
일본군과 함께 포로로 잡힌 조선인 여성들을 심문하고 있다.

서 이 광경을 지켜보는 미군 연락병의 존재다. 이는 그 자체로 미중연합군을 재현한다. 미군은 버마 도로를 탈환하는 '살윈작전'에 전투부대는 보내지 않고 정보·작전 차원에서 중국군을 지휘했고, 이 사진은 이를 직접적으로 시각화한다. 정면으로 보이는 두 여성의 시선이 엇갈리는 것도 의미심장하다. 머리에 붕대를 감은 여성은 중국군 장교를 힐끗 보고, 그 왼쪽 여성의 시선은 오른쪽에 붙어 앉아 심문받고 있는 두 여성을 향해 있다.

스틸사진은 현실의 한 단면을 시각화한다. 사진 몇 장에서 여러 정보를 읽어낼 수 있었던 것은 내가 이 사진과 관련해 다양한 정보를 파악하고 있기 때문이다. 이 사진이 촬영됐을 때 어떤 군사작전이 진행 중이었는지를 알려주는 미군 공문서 자료와 당시의 신문 기사가 발굴됐고, 무엇보다 당사자인 박영심의 증언이 나왔다. 하지만 스틸사진은 현실의 일부를 사각화하기도 한다.

영상은 숨결을 불어넣었다

2017년 7월 5일 나와 연구팀이 공개한 쑹산의 조선인 '위안부' 영상은 스틸사진에선 잘 드러나지 않던 이야기를 수면 위로 끌어올렸다. 영상은 해티필드와 코쿠릭의 동료인 에드워드 페이Edward C. Fay 병장이 9월 8일 이후 찍은 것으로 추정된다.

영상은 7명의 여성이 맨발로 민가 벽에 붙어 서 있는 모습으로 시작한다. 중국군 병사들이 여성들을 신기한 듯 바라본다. 중국군 장교는 웃으면서 한 여성에게 말을 건다. 둘 사이에 대화가 이어지고 있지만, 다른 여성들의 표정은 점점 어두워진다. 초조한 표정의 얼굴을 들지 못하는 여성, 옆 여성의 손을 붙잡고 의지하는 여성, 여성 뒤로 숨어버린 여성도 있다. 만삭의 박영심과 얼굴에 화상을 입은 여성은 영상에선 보이지 않는다. 다른 곳에서 치료를 받고 있었기 때문이다.

시선을 잡아끄는 여성이 있다. 중국군 장교와 대화하는 세 번째 여성에게 매달리듯 팔짱을 끼고 옷을 어루만지는 네 번째 여성. 친밀해 보이기도 하고, 그녀에게 의지하는 듯 보이기도 하고, 절

〈사진 7〉
쑹산의 조선인 '위안부' 영상 캡처.

대 떨어지지 않겠다는 의지를 나타내는 것처럼 보이기도 한다. 무슨 사연이 있을까? 두 여성은 어떤 관계일까? 최전선의 지옥 같은 '위안부' 생활을 서로 의지하며 버텨낸 동무였을까? '위안부'를 다룬 영화에서 자주 차용되곤 하는 '두 소녀' 이야기에서처럼 자매 같은 관계였을까? 영상이 불러일으킨 감정선을 따라 스틸사진을 다시 바라보았다. 그제야 사진에 사각이 있음을 알게 됐다.

영상 속 네 번째 여성은 〈사진 4〉의 박영심 옆에 있던 여성이다. 스틸사진 속 그녀는 산발인 채 넋을 잃은 듯 다른 곳을 보고 있었다. 그녀는 참호에서 군기가 태워지고 강제적 집단죽음이 임박한 상황에서 탈출할 수 있었다. 그 과정에서 영상 속 세 번째 여성과 헤어졌던 것이다. 〈사진 5〉는 다행히 세 번째 여성도 경미한 부상만 입은 채 살아남았다는 것을 알려준다. 두 여성이 다시 만난 것이다. 어떤 감정이 들었을까? 그 순간 소중함과 죄책감과 반가움과 미안함과 두려움과 긴장감이 한데 엉켜 넘쳤을 것이다. 영상은 이런 분위기를 전한다. 그제야 〈사진 6〉의 오른쪽에 서로 붙어 있는 두 여성의 뒷모습이 내 시야에 새롭게 각인됐다. 그녀들이 거기에도 있었다.

조선인 '위안부'는 이후 어떻게 되었을까? 그녀들은 쿤밍 소재 군화중학교에 설치된 포로수용소에 억류됐다. 텅충에서 살아남은 조선인 '위안부' 13명과 함께였다. 일본군에 의해 끌려오고 버려졌으며, 스스로 살아남았지만 연합군의 포로가 되었던 이 여성들의 운명은 또 한 번 변화를 겪었다. 1945년 4월 미국 전략첩보국OSS 쿤밍지부가 그녀들을 상대로 두 차례 예비심문을 했다. 일본을 상대로 한 심리전을 준비하던 과정에서 이루어진 것이었다. 이 심문에 한국광복군 3지대장 김학규 장군의 부관인 김우전을 비롯해 정윤성, 이평산 박사 등이 참여했다. 김우전은 이 여성들을 외면하지 않았다. 이 여성들은 충칭의 한국광복군에 인수됐고, 1946년 2월 조선으로 귀환했다.

전략첩보국 쿤밍지부는 이에 대한 보고서와 조선인 포로 명단을 남겼다. 보고서는 "23명의 여성은 분명히 강요와 거짓 설명(취업 사기)으로 '위안부'가 되었다"는 것을 분명히 기록하고 있다. 그 가운데 15명은 조선의 신문에서 싱가포르에 있는 일본인 공장에서 일할 여성을 구한다는 광고를 통해 모집되었고, 1943년 7월에 조선을 떠났다 한다. 그들과 함께 남방으로 보내졌던 위안단에는 그들처럼 사기당한 여성이 최소 300명이 있었다 한다.[33]

이 쿤밍보고서에는 군화중학교 수용소에 구금된 25명의 조선인 포로 명단이 포함돼 있었다. 명단에는 전라북도, 경기도, 평안남도, 황해도, 경상도 등 여러 지역에서 끌려온 '위안부' 23명의 이름이 있다. 23명 가운데 10명은 쑹산 지역의 위안소에 있던 여성들이고, 13명은 텅충위안소에 있던 여성들이다. 박영심과 윤경애 이름도 거기에 있었다.

박영심과 윤경애는 살아남지 못한 사람들과 말할 수 없는 이들을 그리워하며 입을 열었다. 그녀들의 증언은 단지 자신의 고통을 호소하는 것이 아니라 수많은 동료들을 돌아오지 못하게 했던,

탈진실의 시대,
역사부정을
묻는다

지금도 돌아오지 못하게 하는 세상에 대한 외침이 아닐까.[34]

격전장에까지 끌려갔던 우리들은 피가 고인 참호 속에서 우연히 살아남게 되었다. 같이 끌려갔던 9명 중 6명이 죽고 3명이 살아남 았다. …… 나와 사지판에서 함께 살아남은 몇몇 동무들은 자신의 처지를 한탄하며 귀국을 단념하였지만 나는 죽어도 고향땅을 밟 아보고 죽고 싶어 귀국을 결심하였다(윤경애).[35]

격전장에 끌려갔던 '위안부' 12명 중 8명이 폭격에 죽고 맞아 죽고 병 걸려 죽었다. …… 나는 죽어서도 잊을 수 없는 곳이 고향이었 기에 치욕스러운 과거생활로 하여 량심에 꺼렸지만 고향으로 갈 것을 결심하였다. …… 나의 불우한 과거를 생각할 때 나와 같이 끌려가 갖은 고욕 끝에 이국땅에서 무주고혼이 된 수천 명의 조선 녀성들을 생각한다(박영심).[36]

사진 속 4명, 영상 속 7명, 더 나아가 쿤밍수용소에 억류되었던 23명의 조선인 여성들은 모두 귀환했을까? 모두 고향으로 돌아 갔을까? 그렇지는 않았다. 살아남은 '위안부'에게 '귀환'은 당연한 것이 아니었다. "몸이 더럽혀졌다"고 생각한 그녀들은 집으로 돌 아가지 못했거나 돌아가지 않았다. 설령 조선으로 돌아갔더라도 귀향하지 못한 채 다른 낯선 곳에서 살아가기도 했다. 박영심처럼 집으로 돌아가더라도 '위안부'였다는 것을 숨기고, "전전하며 살았다"고 할 수밖에 없었다. 고향으로 돌아온 그녀들은 한국 사회에서도 그렇게 버려졌다. 그 세월이 45년이었다. 1991년 9월 김학순 할머니가 증언하기 전까지 말이다.

주검이 되어 돌아오지 못한 여성들

박영심과 윤경애 등은 일본군 성노예에서 연합군의 포로가 되었지만, 죽음의 문턱에서 살아남을 수 있었다. 쑹산의 일본군 참호에선 끝까지 사수하라는 명령으로 '옥쇄' 전투들이 벌어졌고, 그곳에서 '위안부'들도 죽은 채 덩어리로 뒤섞였다. 해티필드 일병은 1944년 9월 7일 그 죽음을 포착했다. 텅충성 안팎에서도 격렬한 전투가 벌어졌고, 최후의 성내 시가전 끝에 일본군과 '위안부'의 주검이 널브러져 있었다. 164통신사진중대 B파견대 프랭크 맨워렌Frank D. Manwarren이 텅충에서 그 죽음을 포착한 건 9월 15일이었다.

이 죽음의 이유에 대해 서로 엇갈린 설명이 있다. 1944년 9월 7일 쑹산에서 일본군 수비대 병사와 '위안부'의 죽음을 찍은 해티필드는 중국군의 포격과 수류탄 공격으로 쑹산의 참호에 있던 일본군과 여성이 살해된 것으로 이해했다. 그러나 '위안부' 연구자 니시노 루미코西野留美子는 쑹산에 여성을 끌고갔던 일본인 업자의 증언을 바탕으로 일본군이 참호 내부에서 수류탄을 던져 '옥쇄'라는 미명하에 집단죽음을 강제했다고 이야기한다.[37] 쑹산에는 일본

탈진실의 시대,
역사부정을
묻는다

〈사진 8〉
중국군 매장조가 텅충성 밖 참호에 널브러진
조선인 여성 시체들을 살피고 있다.

〈사진 9〉
중국군이 기습했을 때 텅충성 안에 죽어 있던
일본군과 여성 사체들.

군 진지가 여러 개 있었고, 참호 각각의 사정을 보면 두 경우 모두 발생했을 것이다. 분명한 것은 설령 '위안부' 죽음의 직접적인 원인이 미중연합군의 공격에 의한 것이었더라도 일본군이 책임으로부터 완전히 자유로워지는 건 결코 아니라는 점이다. 함께 살고 함께 죽자고 민간인 여성들을 끝까지 곁에 데리고 있었기 때문이다.

〈사진 8〉은 성 밖 내봉산에 있던 한 참호로 보이는 곳에 가득 메워져 있는 여성들의 시체를 포착한다. 사진 설명으로 이 주검들이 대부분 조선인 '위안부'임을 알 수 있다. 시체에 벌레들이 잔뜩 달라붙어 있다. 낫과 수류탄을 든 중국군 시체 매장조가 이를 지켜보고 있다.

맨워렌은 텅충성 북동쪽 코너 근방의 성벽과 그 안쪽 가옥 외벽이 맞닿은 지점에 널브러져 있는 일본군과 여성 시체들을 포착했다. 시체는 5, 6구로 보이며, 사진 정중앙에서 왼쪽에 있는 여성 시체는 불에 타서 옷이 말려 올라가 가슴이 노출되어 있다. 오른쪽 벽에 남아 있는 탄흔들은 비극성을 웅변하는 것처럼 보인다.

두 컷의 사진과 같거나 비슷한 피사체를 담은 영상이 있다. 당시 스틸사진병 맨워렌 옆에 영상사진병 카메라맨 볼드윈Baldwin이 있었다. 그는 〈사진 9〉와 거의 똑같은 구도로 영상을 촬영했다. 7초다. 프레임 내 모든 피사체들은 마치 시간이 정지된 듯 움직임이 없지만 꺼지지 않은 흰 연기만이 피어오른다. 학살 순간의 참혹함과 대조되는 정적감이다. 이 7초의 영상 바로 앞과 뒤의 각각의 6초 영상은 성 밖 참호에 있는 피사체를 보여준다. 구덩이에 일본군, 죽은 민간인과 함께 여성들, 아이들의 시체가 널려 있었다.[38] 볼드윈은 옷이 벗겨진 시체들 사이를 오가며 양말을 벗기는 중국군 매장조의 모습을 촬영했다. 나치 강제수용소에 쌓여 있는 유대인들의 시체를 연상시킬 만큼 일순간 영상 속 시체들이 '덩어리'처럼 느껴진다. 볼드윈은 이 장면을 텅충성 안 여성 시체 장면의 앞뒤로 담았다. 우연일까? 어떤 의도가 있었던 것일까?

사진과 영상 속 죽음의 원인에 대해서도 논란이 있다. 조선인 여성 또는 '위안부' 시체들인 것은 맞지만, 미중연합군의 공격으로 인한 것이라는 주장이 있다. 연합군에게 책임이 있다는 것이다. 심지어 다른 지역의 사례를 들어가며 일본군은 '위안부'를 보호하려 했다고 주장하기도 한다.[39] 그러나 일본군이 '옥쇄' 전투를 전개한 지역을 보면, 일본군에 의한 '위안부' 학살 사례들이 분명 존재한다. 쑹산과 텅충에서의 '위안부' 학살은 앞서 사진과 영상뿐 아니라 공문서 기록과 피해자 및 목격자 증언으로도 뒷받침된다. 미중연합군의 공식 정보(G-2), 작전(G-3)일지, 국민당 기관지 《소탕보》·《중앙일보》, 이와 관련한 현지 증언자와 비석 등이 있다. 특히 1944년 9월 15일 자 작전일지에 기록된 중국군 제54군의 9월 14일 18시 55분 보고를 보면, "13일 밤 일본군이 (텅충)성 안에 있는 30명의 조선인 '위안부korean girls'를 총살했다"고 되어 있다.

사진과 영상은 참혹한 죽음을 시각화하고 있다. 해티필드가 쑹산에서 일본군과 '위안부'의 죽음을 찍은 사진은 당시 군 당국의 검열에 걸려 공보용으로 배포되지 않았다. 이와 달리 맨워렌이 찍은 〈사진 8, 9〉는 '기밀' 도장이 찍혔지만, 1945년 10월 미국 전쟁부 공보국에 의해 배포되었다. 왜 이런 차이가 발생했을까? 민간인 여성인 '위안부'의 죽음이 연합군에 의한 것인지 여부가 고려되었을까? 적어도 사진병사의 인식(사진 설명)에서 보면, 〈사진 8〉과 〈사진 9〉는 일본군의 잔학 행위를 증거하는 것이었고, 연합군의 대일 전범재판의 여론 형성에 도움이 되었다.

'위안부' 학살을 부정하는 자들

일본 산케이 계열의 우익신문 석간 《후지》가 있다. "'위안부 학살기록'에 큰 의문, 새로운 발견이 아니다, 저널리스트 이시이 다카아키石井孝明 긴급기고"라는 칼럼이 2018년 3월 3일 자에 실렸다.[40] 내용은 다음과 같다.

① 서울시와 서울대 인권센터가 발표한 텅충 '위안부' 학살기록 관련 사진은 아시아평화국민기금이 발행한 《'위안부' 문제 조사보고·1999》에 수록된 〈윈난·버마 최전선에서의 '위안부'들―죽은 자는 말한다〉에서 이미 소개된 것이어서 새로운 발견이 아니다.

② 사진은 중국 국민당군과 동행한 미국인이 촬영한 것으로 시체의 대부분이 '위안부'인지 정확히 확인할 수 없다.

탈진실의 시대,
역사부정을
묻는다

③ 일본군 측 자료에는 조선인 '위안부'를 살해한 기록은 없다. '위안부' 18명이 국민당군 포로가 되었는데, 이것으로 봐도 일본군이 '위안부'를 조직적으로 살해하지 않았다는 증거가 된다. 일본군에 '위안부'를 학살할 발상과 동기가 없었다.

④ 공개된 사진과 영상은 유기된 시체를 촬영한 것으로 정확한 사망 원인은 알 수 없고, 조선인 '위안부'는 전쟁터 근처에서 전투에 연루되어 사망했을 가능성이 있다.

한국에서도 변희재가 대주주로 있는 뉴라이트 인터넷 언론《미디어워치》(대표 황의연)가 일본의 극우 저널리스트와 한국의 뉴라이트 "역사전문가들"의 말을 빌려(페이스북 글) 일본군에 의한 조선인 '위안부' 학살을 부정하는 기사를 실었다.[41] 이 기사를 쓴 신규양 기자는《미디어워치》대표 황의연의 필명이다.《미디어워치》는 그동안 일본군 '위안부' 문제에 대해 일본 극우와 한국 뉴라이트의 역사부정론 시각과 주장을 대변하는 기사를 헤아릴 수 없을 만큼 많이 작성해왔다.

이 기사가 인용하고 있는 "국내외 역사전문가들"은 낙성대경제연구소 이우연 연구위원과 세종대 박유하 교수, 와세다대 아사노 토요미浅野豊美 교수다. 이우연이 아사노 토요미와 박유하의 비판을 종합해 2018년 2월 28일 페이스북 글에서 주장한 내용은 다음과 같다.

⑤ 9월 13일 밤 텅충성 내 일본군의 조선인 '위안부' 30명 총살 기록이 '위안부' 포로 심문의 결과인지, 목격자 증언인지, 풍문인지 알 수 없다. 점령 다음 날 작성된 문서이고, 조선인 여성 30명 총살은 일단 '설'에 불과하다.

⑥ 19초 영상에 나오는 희생자들이 미군 보고서에서 일본군에 의해 총살되었다고 보고된 30명의 조선인 여성의 일부인지 확인되지 않는다. 영상 속 희생자들은 전투 중 발생한 무고한 희생자일 수도 있고, 군기가 서지 못한 중국군에 의한 희생자들일 수도 있다.

⑦ 포로가 된 조선인 '위안부' 23명은 미군 보고서가 거론한 총살을 면하고 살아남은 이들이라는 근거가 없다. 조선인 여성 30명 총살 '설'과 23명의 조선인 위안부 포로라는 사실은 서로 무관하다.

그리고 이우연이 아사노 토요미가 2018년 3월 1일 올린 글을 근거로 삼아 같은 날 자신의 페이스북 글에서 주장한 내용은 다음과 같다.

⑧ 서울대 인권센터팀이 2016년에 수집한 학살 사진과 2018년 발굴한 학살 영상의 대상이 같은 건 인정한다. 그러나 2016년 사진은 20년 전 아시아여성기금 보고서에 소개된 바 있고, 아사노 토요미 교수가 1999년과 2008년에 발표한 논문에 이미 소개되어 있

다. 영상도 사진과 같은 대상이라면 별 가치가 없다.

⑨ 아사노 교수의 말에 따르면, 조선인 '위안부' 30명 총살은 버마
인의 증언이다. 다시 말해 미군의 체계적 조사 결과가 아니다.

⑩ 아사노 교수는 옥쇄가 성벽 내 북서쪽 모퉁이에서 행해졌고,
미중연합군에게 함락되기 바로 전날 밤 일본군이 '위안부'들을 시
신이 발견된 성 밖으로 데려나가 학살할 여유가 없었다는 점, 대
만인과 조선인 및 일본인 위안부가 생존하여 중국군의 포로가 되
어 사진까지 찍었다는 점 등을 들어 학살로 볼 수 없다고 말한다.

이우연은 이런 문제가 있음에도 조선인 '위안부' 학살이라는
"어마어마한 주장을 감행하는 그 오만함"과 "연구자로서 게으르
거나 상식적인 사고능력조차 없다"고 서울대 연구팀을, 그리고
나를 꾸짖고 있다. 게다가 같은 날 박유하 교수도 "자료의 신빙성
문제를 지적하기에 앞서 서울대 인권센터 연구팀이 이미 사실상
똑같은 소재를 다룬 바 있는 일본의 아사노 토요미 교수의 선행
연구를 언급하지 않은 데 대해서 유감"이라고 밝히며, "연구의 출
처와 계보를 중요시해야 할 연구윤리상 문제가 될 수 있지 않겠
냐" 했다 한다.[42]

'부정'을 부정한다

나는 뉴라이트 언론이자 '가짜 뉴스'의 온상지 《미디어워치》를 평소 찾아볼 일이 없으니 1년 넘게 이런 내용의 기사들이 있는지 알지 못했다. 2019년에 일본 극우파와 한국 뉴라이트가 왜, 어떻게 같은 목소리를 내는지 연구하다가 《미디어워치》 기사들을 접하게 되었다. 일본군 '위안부' 문제에 대해 일본 극우파의 시각과 주장을 그대로 답습하는, 심지어 그냥 번역하는 기사들을 읽다가 이우연 등의 주장을 드디어 만나게 되었다. 여러 면에서 수준 미달의 주장이고, 이우연이 진정으로 내 응답을 바라지도 않겠지만, 이 책의 목적이 그런 주장의 내용과 방법론을 비판적으로 검토하고, 그 대안으로 자료와 증언을 왜곡하지 않고 맥락적으로 어떻게 봐야 하는지 설명하는 것이니 좀 상세하게 답하려 한다.

종합적인 감상평을 먼저 밝힌다면, 한일 역사부정론자들이 나와 연구팀을 향해 이렇게 많은 화살을 쏘았는데 단 하나도 과녁을 명중하지 못하고 있어서 참 딱하다는 생각이 든다. 크게 두 가지로 구분해 답을 하면 다음과 같다.

첫째, 새로운 발견이 아니라는 주장에 대해

이시이 다카아키와 이우연은 맨워렌이 찍은 학살 사진이 우리 연구팀의 새로운 발견이 아니라고 한다. 그렇다. 연구팀이 이 사진들을 조사 수집한 것이 2016년이라 했지, 맨워렌의 사진을 새로 발굴했다고 말한 적이 없다. 이는 당시 서울시 보도자료를 통해서도 확인할 수 있다.

2018년 2월 26일 개최된 국제컨퍼런스 〈일본군 '위안부' 자료의 현재와 미래〉에서 나는 하나의 사전 발표와 또 하나의 본 발표[43]를 했다. 사전 발표는 〈총살당해 버려진 조선인 '위안부'〉라는 주제로 슬라이드 24장짜리 발표였다. 이 발표에서 새로 발굴한 자료로 소개한 건 텅충성 안과 밖의 학살 관련 19초 영상이었다. 이 영상은 164통신사진중대 B파견대 영상사진병 볼드윈이 1945년 9월 15일 촬영한 〈텅충의 전투〉(35mm 필름) 소스 영상에 포함되어 있었고, 내가 학살 관련 장면만 소개한 것이 19초였다. 이 영상과 똑같은 피사체를 포착한 것이 맨워렌이 찍은 텅충성 안 학살 사진이다.

나는 국제컨퍼런스에서 이 사진을 소개할 때 "기존 조사된 사진"이라고 표현했다. 이는 당시 작성된 두 종류의 발표 스크립트(발표용, 통역용)에서도 확인된다. 이 사진의 소장처는 미 국립문서기록관리청으로, 연구팀은 2016년 이 사진을 고성능 스캔 방식으로 수집했다. 그리고 이 사진의 최초 발굴과 유통 및 활용에 대한 이력 추적에 나선 바 있다. 이 사진 이미지가 소개되고 활용된 것은 아사노 토요미 교수의 글이 발표된 1999년보다 더 이전으로 거슬러 올라간다는 것을 확인할 수 있었다.

한국만 놓고 보더라도 1997년이 주목된다. 8월 15일 방송된 MBC '9시뉴스'는 텅충에서의 조선인 '위안부' 학살을 증거하는 사진과 발굴된 문서의 내용을 소개했다. 미 국립문서기록관리청의 '터줏대감' 방선주 박사가 이재훈 기자에게 보내준 미중연합군(Y군)의 1944년 9월 15일 작전일지 한 장(세 번째 페이지)과 맨워렌이 찍은 학살 사진 두 컷이었다. 또한 같은 해 방선주의 〈일본군 '위안부'의 귀환: 중간보고〉라는 글이 《일본군 '위안부' 문제의 진상》(역사비평사, 1997)에 엮여 출간되었다.[44] 방선주는 '위안부'와 노무자 강제 동원에 대해 1970년대 말부터 자료 조사를 해왔고, 그 중간 결과 보고로 자료를 모아 1992년에 국사편찬위원회가 펴낸 《국사관논총》에 〈미국 자료에 나타난 한인 '종군위안부'의 고찰〉이라는 글을 발표한 바 있었다.[45] 1991년 8월 14일 김학순 할머니가 커밍아웃하고 1년도 채 되지 않은 시점에 '위안부' 관계 미국 자료들을 상당한 규모로 모아서 논문으로 발표했다는 사실이 매우 경이롭다. 따라서 엄밀히 말하면, 1999년 아사노 교수가 이미 발표했기 때문에 새로운 발견이 아니라는 주장도 틀린 것이다.

게다가 이우연은 사진과 영상이 같은 대상을 찍은 것이니 별 가치가 없다고 말한다. 자료를 다루는 연구자가 할 말은 아닌 듯하다. 스틸사진still picture은 어떤 한 장면을 임팩트 있게 포착하지만, 영상motion picture은 장면의 흐름과 공기(분위기)를 잡아낸다. 그래서 영상은 시각화된 한 장면의 사각으로 생기는 오인을 바로잡기도 한다.

이우연은 아사노 교수의 1999년 논문을 읽지 않았다고 생각한다. 읽었다면, 아사노 교수의 사진 소개라는 것이 일본군 전쟁사와 문서, 회고 등을 활용해 사진 속 장면을 소개하는 데 그치고 있음을 알 것이다. 아사노 교수가 이 사진을 처음 세상에 소개한 것이 아니라면, 결국 사진에 대한 아사노 교수의 독자적인 관점과 해석(또는 이야기)이 새로운 것이냐를 평가해야 하는데, 나는 아사노의 글이 당시로선 그렇다고 판단한다.

동시에 그 기준은 나와 연구팀의 성과에도 적용될 수 있어야 한다. 나는 2017년 11월 3일 일본군 '위안부' 연구회가 주최한 학술회의 〈일본군 '위안부': 포스트식민 기억과 문화적 재현〉에서 〈미군 사진병이 바라본 일본군 '위안부'의 시각과 사각: 레도-버마 로드의 미치나, 쑹산, 텅충 조선인 '위안부' 사진을 중심으로〉를 발표했다. 제목에 나타나 있듯이, 사진과 영상을 찍은 사진병과 그 소속 부대의 조직과 활동에 관심을 갖고 자료를 수집해 분석했고, 그 결과를 사진 해석에 교차시켰다. 뿐만 아니라 사진의 피사체인 포로가 된 '위안부'의 증언에 대한 기존 연구 성과를 반영했다. 당연히 방선주(1991, 1996), 아사노 토요미(1999) 등의 연구도 비판적으로 참조하고 인용을 밝혔다. 이 발표문을 영어 논문으로 발전시킨 것이 2018년 2월 23일 바로 시카고대학 동아시아센터의 초청을 받고 강연하기 위해 작성한 글(〈U.S. Army Photography and the 'Seen Side'(시각) and 'Blind Side'(사각) of the Japanese Military 'Comfort Women': The Still Pictures and Motion Pictures of the Korean 'Comfort Girls' in Myitkyina, Sungshan, and Tengchung〉)이다.[46] 이 글에서는 쑹산에서 포로가 된 조선인 '위안부' 영상과 텅충에서의 '위안부' 학살 영상을 추가로 분석해 종합했다.

그리고 4일 후인 2월 27일에 약 10분에 걸친 사전 발표에서 연구팀이 새로 발굴하고 분석한 학살 영상 실물을 소개했다. 그 영상을 촬영한 사진병의 시선, 시각과 사각, 사진부대의 활동이라는 생산 맥락에 입각해 내용을 소개했기에, 또한 학살 관련 Y군 작전일지는 물론 정보일지, 정기보고 등 미중연합군(Y군)이 생산한 공문서 일체를 분석했고, 중국 국민당군이 생산한 자료와 당 기관지 《중앙일보》·《소탕보》도 분석한 결과를 종합했다. 이우연은 이런 두터운 작업의 종합 결과를 발표한 글이나 학술논문을 찾아보지도 않았고 고작 언론에 소개된 빈약하고 심지어 오보도 섞여 있는 스트레이트성 기사들만 읽었다. 그런 상태에서 나와 연구팀의 주장이 오만하고 게으르다 주장한 것이다.

연구팀은 2018년 2월 27일 국제컨퍼런스 자리에서 텅충 학살 영상만 발표한 것이 아니다. 그것은 사전 발표에 불과했다. 일본군 '위안부' 자료의 현재와 미래를 논의하는 자리였다. 한국의 자료 조사 성과를 일본과 중국의 연구자 및 단체 활동가들에게 소개했고, 아울러 일본과 중국의 최근 성과도 공유하는 자리였다. 이 자리의 취지를 극대화하기 위해서 연구팀은 같은 시점에 자료집 《일본군 '위안부' 관계 미국 자료 I·II·III》 세 권과 대중서 《끌려가다, 버려지다, 우리 앞에 서다: 사진과 자료로 보는 일본군 '위안부' 피해 여성 이야기 1·2》 두 권을 출간했다. 그럼에도 세상에 공개하지 못한 자료들이 많아서 서울기록원과 협업해 디지털 아카이브를 구축해 이용자들의 접근성을 높이도록 준비했다. 그 결과 서울기록원은 2019년부터 연구팀이 4년간 조사 수집한 원 자료와 연구 해제를 온라인 서비스로 제공하고 있다. 다시 묻는 다. 누가 오만하고 게으른가?

두 번째로 세부적인 내용으로 들어가서

이우연 등은 텅충성에서의 조선인 '위안부'의 주검 자체는 부인 하지 않지만, 죽음으로 몰아 넣은 주체와 이유에 대해 일본군과 관련 없음을 주장하고 있다. 우선 이우연은 연합군 문서에 기록된 30명 '위안부' 총살과 영상 속 '위안부' 주검이 같은 것인지 확인 할 수 없다고 주장한다. 그리고 영상 속 학살 피사체와 사진 속 학 살 대상이 같다는 건 인정한다. 그러면서 아사노의 주장을 따라서 문서상 30명 '위안부' 학살은 미군의 체계적 조사 결과가 아닌 버 마인의 증언이기 때문에 믿을 수 없다고 주장한다.

나와 연구팀은 연합군 공문서에서 일본군에 의해 총살되었다 고 기록된 30명의 '위안부' 피해자들이 영상·사진 속 시체와 동일 하다고 주장한 것이 아니다. 문서, 영상, 사진 속 학살 피해자들이 모두 각각 텅충성에서 일본군에 의한 '위안부' 학살을 증거하는 것이라 강조했다. 텅충성에서 조선인 '위안부 '학살은 여러 날에 걸쳐 이루어진 것이고, 성 함락 전 13일 밤 "30명 총살"은 클라이 맥스였다.

"버마인의 증언"이기 때문에 일본군에 의한 '위안부' 학살을 부인하는 것은 이우연이 해당 문서 자료를 읽어보지 않고 아사노의 짧은 글만 따랐기 때문에 생기는 오류다. 당시 텅충성은 일본군 제56사단 148연대를 주력으로 한 수비대가 방어하고 있었다. 미중연합군은 국민당군 제20집단군을 주력으로 미 공군과 정보·작전 고문들이 참전해 1944년 5월부터 성을 공격했고, 9월 14일 성을 함락했다. 이에 제20집단군 배속 54군은 곧장 14일 저녁 6시 55분 본부에 다음과 같이 보고한다. 일본군 포로로 있던 버마인 소총병은 9월 12~15일 영국군 두 명이 일본군에 의해 살해되었다고 말했다. 그린웨이Greenway 대령이 이 사실을 확인하기 위해 버마인 병사의 안내를 받으며 현장에 갔고, 그곳에서 결박당한 채 참수된 영국군 시체를 발견했다. 작전일지에서 이 보고 내용과 줄을 바꾸고 보고된 "13일 밤 일본군이 도시 안의 30명의 조선인 여성들을 총살하였다"는 정보는 또 다른 정보 보고다.[47] 다시 말해 "버마인의 증언"이 아니라 그린웨이 대령의 보고로 이해해야 한다. 확인한 바로는 9월 15일 작전일지를 처음 발굴하고 해제를 쓴 방선주 박사의 의견도 그린웨이 대령의 보고로 보고 있다.[48]

9월 15일의 작전일지뿐 아니라 여러 날의 작전일지, 정보일지, 미군 영상과 사진, 국민당 기관지의 기사, 현지 주민들의 증언과 비석 등 수많은 증거들이 텅충성에서의 일본군에 의한 조선인 '위안부' 학살을 가리키고 있다. 그럼에도 한일 역사부정론자들은 일본군 측 자료에 학살 사실이 기록되어 있지 않은 사실과 일부 선별 자료를 근거로 학살 발상이나 동기가 없었다고 주장하면서 '위안부'의 주검은 전투에 휘말려들어 어쩔 수 없이 죽은 것으로 왜곡하거나 애써 학살을 여러 '설'의 하나일 뿐이라고 폄하한다. 나치에 의한 홀로코스트를 부정하거나 일본군에 의한 난징 대학살(강간)을 부정할 때 나타나는 전형적인 '부정의 실증주의' 방법과 논리를 답습하고 있는 것이다.

페이스북, 유튜브 등 소셜미디어의 글과 영상, 석간 《후지》와 《미디어워치》 같은 매체의 기사들이 이어진 후 곧바로 스기타 미오 의원이 일본 국회 대정부 질의에서 '위안부' 학살 부정 문제를 제기했다. 스기타 미오 의원은 내각 질의에서 정부의 적극적 대응을 요구했고 특히 NHK 뉴스 등을 통해 학살 영상이 날조되었다는 주장을 세계에 영어로 발신하라고 주문했다. 이에 아베 내각은 "객관 사실에 근거한 바른 역사인식을 강화하는 것은 정부의 중요한 업무"라며, "예산을 확대해 다양한 수단으로 일본 정부의 입장을 알리고 있고, 외무성과 연계해 앞으로도 대응할 예정"이라고 답했다. "객관", "바른"이라는 용어를 선점하고 있지만, 실상은 일본 정부의 예산으로 외무성 등 관계부처가 일본군 '위안부' 문제 등에 대해 역사부정론의 주장을 세계에 외치겠다고 말하고 있는 것이다. 역사의 시계를 되돌리려는 반동, 이 백래시에 대해 우리는 어떻게 대처할 것인가?

05

일본군 위안부,
미군·유엔군 위안부,
한국군 위안부

: 이영훈의 "우리 안의 위안부"론에 답한다 [49]

전쟁이 끝나도 전쟁처럼 살아야 했던

포주가 된 국가

공창제 폐지해 놓고 위안소 설치

일본군 경력자들의 발상

이영훈의 "우리 안의 위안부"론에 내포된 "폭력적 심성"

전쟁이 끝나도 전쟁처럼 살아야 했던

2019년 2월 25일부터 3월 20일까지 서울 도시건축센터에서 '기록 기억: 일본군 '위안부' 이야기, 다 듣지 못한 말들'이란 주제로 전시회가 열렸다. 2014년 여름 나와 연구팀이 미미하게 시작했던 일이 큰 성과를 내며 창대하게 끝난 셈이다. 공문서·사진·영상 등 새로운 자료의 발굴과 수집, 연구자를 위한 학술 자료집과 일반 시민을 위한 대중서 발간, 그리고 전시회와 디지털 아카이브 구축 준비로 마침표를 찍게 되었으니 말이다.

지난하지만 고통스럽게 '위안부' 문제를 대면하고 응답하는 데 제법 긴 시간과 온 열의·열정을 쏟았다. 자료들에 말을 걸고, 자료들이 말하는 이야기에 귀를 기울이며, 피해 여성들이 남긴 증언과 교차하며 전쟁에 성적으로 동원된 여성들의 여러 이야기들을 길어 올리려 했다. 그 이야기들은 결코 '강제 연행'의 증거나 민족 피해의 여성적 재현으로 환원되지 않는다.

전시회가 열리는 동안 난 특별 도슨트(전문 안내인)로 몇 차례 관람객에게 전시를 설명하면서 오키나와로 끌려가 버려졌던 배봉기의 삶과 이야기를 몇 번이나 곱씹었다. "살아 남았으니 살고자 했다", "일상이 전쟁이었으니, 전쟁 또한 삶이었다", "지독한 가난에 허덕이던 일상이 이미 전쟁 같았다"는 그녀의 말은 전쟁의 일상과 일상의 전쟁에서 동원되고 살아야 했던 여성을 어떻게 기록하고 기억할 것인지 많은 고민을 안겨주었다.

잘 알려졌듯, 배봉기는 한국으로 돌아오지 않았다. 그건 배봉기의 선택이었지만, 가난과 '정조' 등의 이유로 돌아갈 수 없다는, 계급적·가부장제적인 구조의 구속이 내면화된 결과 나온 선택이었다. 사실상 강제로 남은 것으로 봐야 한다. 배봉기는 민간인을 억류했던 수용소를 빠져나와 절망적으로 오키나와 여기저기를 떠돌아다녔다. 여기 저기 전전하며 술집에서 접대하고 식모로 일하는 등 그의 삶은 전쟁으로부터 벗어나지 못했다. 신경쇠약과 우울증을 평생 겪으며 트라우마적 삶에서 헤어나오지 못했다. "전쟁 때 총알 한 발로 죽었으면 이런 고생을 하지 않았을 텐데"라고 털어놓은 말은 전쟁이 끝났어도 전쟁 같은 삶의 고통과 고단함을 웅변한다.[50] "전쟁은 여자의 얼굴을 하지 않았다"는 말의 다층적인 의미는 이런 것이 아닐까?

한국으로 '귀환'한 '위안부'들은 어떤 삶을 살았을까? 고향에, 집에 돌아가 이제는 전쟁 없는 일상에서 행복하게 살았을까? 오키나와에 잔류한 배봉기의 삶과 완전히 달랐을까? 미국과 소련의 38선 분할(분단)점령과 군정, 정부 수립 전후의 내전, 한국전쟁으로 이어지는 전쟁과 일상에서 '귀환' 여성들은 일본군 '위안부'로 겪었던 일들을 가족, 친지, 공동체에게 함구해야 했다. '정조'를 지키지 못한 죄와 수치심을 내면화해 자기를 부정하기도 했다. 무엇보다 배봉기처럼 전쟁에서 벗어나지 못했다. 오키나와의 군사기지는 한국전쟁과 연결되어 있었다. 오키나와에 잔류한 배봉기와 한국으로 귀환한 '위안부'의 전쟁 일상도 연결돼 있었다.

전쟁을 치르는 국가가 여성들에게 요구하는 역할은, 일제든 한국이든, 변함없이 위안·위무·위문이었다. 각종 오락과 유흥은 물론 성(섹슈얼리티)의 제공을 포함했다. 여성사의 시각과 방법으로 한국전쟁을 연구한 이임하에 따르면, 한국전쟁은 남성 국민을 '병사형 주체'로, 여성 국민을 '위안형 주체'로 젠더화했다. 위안, 위무, 위문은 위안하는 주체의 계급에 따라 민간외교의 활동으로 치장된 오락, 유흥, 성의 제공이거나, 유엔군 위안소에서 은혜로운 미군의 노고에 감사하고 보답하는 유흥과 성의 제공이라는 차이가 있을 뿐이었다.[51]

포주가 된 국가

한국전쟁 때 김활란, 모윤숙, 임영신, 박마리아 같은 여성 지도자들은 여학생이나 대한여자청년단, 대한부인회의 젊은 여성들을 동원해 병사들을 위무·위문하기도 했지만, 그보다 주로 '파티 대행업'에 나서 유엔군 장교와 외교관 등 영향력 있는 남성들을 위안했다.

이임하의 연구에 따르면, 김활란은 공보처장을 그만두고 부산에서 전시국민외교홍보동맹을 조직해 활동에 나섰다. 핵심 활동은 이화여대 학생과 졸업생들로 위문단을 조직해 하야리야 기지 등 부산 인근 주둔 군부대를 방문하는 것과 필승각에서 파티를 개최하는 일이었다. 필승각은 일명 빅토리아 하우스로 불렸다. 김활란은 사회부장관 허정의 도움으로 필승각을 불하받아, 그곳에 미군 및 유엔군 고위 장교, 외교관, 한국 주재 외교관 등을 초대해 파티를 열었다. 노래와 무용이 곁들여지거나 여러 유형의 시중이 더해졌다. 모윤숙이 만든 낙랑클럽은 더 갔다. "낙랑 걸"들은 유엔군 고위급과 외교관들을 상대로 "국부國父" 이승만을 위한 로비와 정보 수집을 했고, "밤에 한복으로 곱게 차려입고 불빛을 받으며 접대"했다. 이임하는 "성을 매개로 하여 열리는 파티, 한복을 곱게 차려입고 시중을 드는 여학생들, 노래와 무용 등은 전형적인 이승만식 외교"였다고 평한다.[52]

모윤숙은 자신의 군단을 '낙랑 걸'로 부르고 있다. …… 모 덕분에 이승만 대통령은 유엔군사령부가 생각하고 있는 모든 것을 사전에 알 수 있다. 부산에 있는 낙랑클럽의 지도부는 …… 군 장성과 외교관들을 위해 항상 파티 계획을 세우고 있다. "우리들은 주목받지 못하고 있지만 낙랑 걸들은 그렇지 않다"고 위안부army special service hostess들은 비감한 표정으로 말한다. …… 젊은 장교와 기자들을 위해 그녀는 젊고 아름다운 낙랑 걸들을 대거 불러오기도 한다. 어느 날 밤 파티에서 한 젊은 참석자가 자신이 기대했던 것보다 10년은 더 나이 든 여성이 접대하러 나오자 화를 내면서 항의했다. 그러자 15분 안에 한국 정부의 고위 관리가 젊은 낙랑 걸들을 대동하고 나타났고 나이 먹은 낙랑 걸은 슬그머니 사라졌다. 낙랑 걸들은 두 가지 임무를 수행하고 있는데, 밤에는 한복으로 곱게 차려입고 불빛을 받으며 고위 관리들을 접대하고 낮에는 한국군을 지원한 물품들을 구하기 위해 미군 막사의 문을 노크한다. …… 공식적으로는 대한여자청년단으로 알려진 낙랑클럽은 이승만의 도움으로 설립됐다.[53]

이임하는 당시 150명이나 되는 낙랑클럽 회원들은 대개 대학을 졸업하고 영어를 할 줄 아는 다양한 직업의 여성이었고, 전시 국민외교홍보동맹의 활동과 다르지 않았다고 한다. 그러면서 '나라의 아버지' 이승만의 직접적인 지시와 개입, 국가기구의 강력한 지원 아래 여성의 성을 매개로 미군(유엔군) 위안사업을 한 여성

지도자들의 반여성주의적 정치 활동에 대해 비판한다.[54]

〈사진 10〉은 이경모가 국방부 정훈국 사진대 문관을 그만두고 한국사진신문사 사진부장으로 활동할 때 촬영한 것이다. 정통 르포르타주 형식이 두드러지는 이경모 사진답게 사진 속 구도와 피사체들이 저마다 이야기를 속삭이듯 말을 걸고 있다. 사진은 이기붕 국방부장관 취임 축하를 위해 박마리아가 초대한 주한미대사와 미8군 수뇌부, 그리고 문밖에서 노래하는 여학생들을 포착하고 있다. 적산가옥을 개조한 것으로 보이는 국방부장관 관사 안방에 이기붕의 아내 박마리아가 흰 저고리 검정 치마 차림으로 앉아 있고,

〈사진 10〉
부산 1951. 6 이경모 촬영(《격동기의 현장》, 121쪽)
ⓒ 이승준, 사진제공·눈빛출판사.

그 옆에 무초 주한미국대사와 콜트 미8군 부사령관이 앉아 있다. 화각이 넓지 않아 얼굴이 보이지 않지만, 사진 왼쪽에는 이기붕 장관(시계를 찬 손목)과 양 옆으로 밴플리트 미8군 사령관과 김활란이 앉아 있었다. 군과 외교의 최고위층 인사들이다. 안방에 신발을 신고, 게다가 발(군화)을 쭉 뻗은 자세를 보고 종속적인 한미관계를 절묘하게 포착한 것이라는 해석을 둘러싸고 논쟁이 있었다. 그러나 난 적산가옥이 자아내는 (탈)식민주의적 장소성과 "여흥을 돋우기 위해" 문밖에 서서 팝송을 부르는 "이화여대 학생"들의 모습에 더 눈이 간다. 이를 두고 한미관계를 촉진한 민간외교라고 보고 넘어갈 수 있을까? 분명한 것은 김활란, 모윤숙, 박마리아 등 여성 지도자들이 이승만 대통령의 지시로, 또는 스스로 청원하여 학생들을 동원하는 것에 대해서 당시에도 사회적 시선과 여론이 곱지 않았다는 점이다. 직접적인 성적 유흥을 제공했든 안 했든 말이다.

공창제 폐지해 놓고 위안소 설치

그래도 이건 약과였다. 이승만 정부는 '공창제도 등 폐지령'(과도정부 법률 제7호, 1947년 11월 14일 공포, 1948년 2월 14일 시행)에 반하는 불법을 저질렀다. 아예 업자를 두고 유엔군 전용 위안소를 설치·운영하는 데 개입했다. 단지 유엔군의 노고에 감사 보답하기 위해서였겠는가? 박정미의 연구에 따르면, 여러 의도를 가지고 불법이지만 "묵인·관리"하는 방식으로 개입했다.[55] 정부가 내세운 건 주둔군 병사들이 급증하는 상황에서 군이 저지르는 성범죄(강간 등)로부터 "일반 여성의 정조를 보호하기 위한 방파제로 삼기 위해" 유엔군 위안소를 설치했다는 것이었다. 미군이 요청해서 한국 정부가 개입했다는 논의도 있다. 전쟁으로 생계수단을 이어가기 위해 많은 여성들이 성을 팔았고, 돈과 물자가 있는 미군 주둔지 주변으로 여성들이 몰렸는데, 이에 현실적으로 성병 전염을 통제하고 "제5열의 침투를 막기 위해" 미군이 한국 정부에 유엔군 전용 위안소 설치와 관리를 요청했다는 것이다.

미군 등 유엔군 주둔 지역 주변 거리에 위안소가 들어섰다. 군부대 막사, 야산, 들판 가리지 않고 이동형 위안소도 있었던 것으로 보인다. 1950년 9~10월경부터 등장하기 시작해 1951년 6월 전후 전선이 38선 부근에서 고착화되면서 본격적으로 늘어났다. 1953년이 되면 '필요악'이라 주장될 정도로 상설화되었고, 전국적으로 분포하게 되면서 특정 지역의 격리 설치도 논의되기에 이른다.

흥미로운 건 이승만 정부가 불법임을 의식하고도 전쟁 상황이라는 특수성을 내세워 위안소를 설치하고 관리하기 위한 법적 근거로 행정명령을 지시했다는 것이다. 하위 명령이 상위 법률을 위반하는 성매매에 대한 "묵인·관리"였다. 박정미가 처음으로 밝힌 바에 따르면, 첫 사례는 1951년 10월 10일 보건부가 결재한 〈청소 및 접객영업 위생사무 취급요령 추가 지시에 관한 건〉(보건부

방역국 1726호)이다. 이 지시에서 '위안부'는 "위안소에서 외군을 상대로 위안 접객을 업으로 하는 부녀자"로 정의되었다.

이 지시는 위안소 신설 및 영업허가, 위안부 건강진단, 위안소 및 위안부의 격리 등을 규정하고 있다. 기타 준수사항에 "이 영업은 6·25동란을 계기로 전쟁 수행에 수반된 특수 영업태이며 의법적 공무사업이 안이(아니)라는 것을 충분히 고려하여 취급할 것"이라고 명기하고 있는 것으로 보아 정부 스스로도 법에 반하는 지시를 내리고 있음을 분명히 인지하고 있었다. 표지에 이 지시의 "영문자료(를) CACK(미8군 하부조직인 UNCACK 지칭)에게 제시할 것"이라고 기입되어 있는 것으로 볼 때, 그리고 지시사항 중 "허가 신설은 주둔군 당국의 요청에 의할 것"과 "건강진단을 취체(단속)하기 위하야 외군 헌병대에도 연락한다"는 내용으로 보아 미군이 군 전용 위안소를 승인하고 성병 관리 차원에서 한국인 여성의 몸을 위생·경찰의 시각과 방법으로 통제했음을 알 수 있다.

전후에 기지촌 성매매 집결지가 본격적으로 발달하고 성병에 걸린 미군 병사가 "컨택"(성병을 감염시켰을 것으로 의심되는 여성을 찍는 것을 의미)하면 "낙검자 수용소"로 끌려가 성병이 치료돼 나오거나 죽어서 나왔다는, 이를 두고 "토벌당한다"고 표현했던 미군 '위안부'의 말은 그 자체로 국가폭력, 국가범죄가 여성의 몸에 자행되었음을 드러내준다.[56]

〈사진 12〉는 사진병 크리잭Kryzak이 찍은 것으로, 한국인 의사가 성병 치료를 위해 미 제3사단에서 운영하는 민사구호소로 데

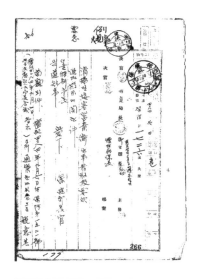

〈사진 11〉
〈청소 및 접객영업 위생사무 취급요령
추가지시에 관한 건〉 표지.
한국 국가기록원 소장.

〈사진 12〉
미 제3보병사단 민사구호소의 한국인 의사가 성매매 여성들을 진료하고 있다.
1952년 5월 11일.

226

리고 온 성매매 여성들을 진료하고 있는 모습을 포착했다. 구호소 막사 안 화사해 보이는 분위기와 대조적으로 검진을 기다리는 여성들의 표정은 어둡다. 이 사진은 당시 '대외비'로 분류되어 이용이 제한되었다.

일본군 경력자들의 발상

1952년 유엔 당국과 주한유엔민사처UNCACK의 지시로 한국 정부는 전국에 성병진료소를 설치해 건강진단서를 발급하고 성병 예방 및 치료에 나섰다. 2월 20일 한 보도에 따르면, 보건부장관은 전국에 약 40개의 성병진료소를 설치했고, 더 증설 중에 있다고 말했다.[57] 당시 보건통계에 따르면, 1952년부터 성병 검진 연인원이 비약적으로 늘었고 건강을 회복한 "연인원"이 상당히 높은 비중을 차지했다. 성병 예방과 치료 대책이 성과를 거두었다는 말이다. 이승만 정부가 성병 관리를 거부하는 대상을 강력히 단속하고 처벌한 효과도 작용했을까? '위안부'들은 "밀정"이나 "제5열 분자"로 의심받고 단속되기도 했다. 인도주의적 의료구호로 보이는 성병 예방조치에는 사실 성병을 유발하고 옮기는 존재, 즉 위생적 차원의 '불순분자'인 이들을 위생 처리해야 한다는 인식이 전제되어 있었다. 성병으로부터 미군 및 유엔군의 신체를 보호하는 보건위생 조치가 제5열 침투를 통한 공산주의 전염을 차단하고 유엔군과 자유 세계를 수호한다는 담론과 연결돼 있었다.

이 정도 얘기했으니 한국군이 군 위안소를 설치, 운영했다는 항간의 이야기가 생뚱맞다고 치부하지 말길 바란다. 김귀옥 교수는 2000년대 초반부터 육군본부가 1956년 출간한 《6·25사변 후방전사(인사편)》에서 관련 내용을 발견했고, 참전 장군과 병사 등의 회고·증언을 종합해 한국군 위안부와 특수위안대의 존재를 주장했다. 현재까지 확인된 바로 당시 일부 국군 부대는 과거 일본군 경력이 있는 일부 간부들의 발상으로 병사의 사기를 진작하고 전시 집단강간을 방지하며 성병을 예방하고 군사기밀 누설을 미연에 방지한다는 명분으로 특수위안대를 직영으로 설치, 운영했다. 유엔군 위안소가 업자를 내세운 군 전용 위안소로 한국 정부와 미군이 설치 요청, 허가·취소 및 성병 관리와 처벌의 방식으로 개입했다면, 한국군 특수위안소는 군이 직접 설치해 운영하고, '5종 보급품'으로 '위안부'를 '조달'(동원)했다. 각 부대마다 '조달' 방식은 달랐지만, 종삼(서울 종로3가) 등 사창가에서 여성들을 동원하거나 일부는 '빨갱이'로 지목된 여성 등을 강간하고 납치하는 방식으로 강제 동원했다. 그 수가, 빈약한 자료와 회고를 종합하면, 최소 79명에서 최대 240명 정도로 추정된다. 또한 위안소를 이용한 병사가 1952년에만 연인원 20만 명이 넘은 것으로 기록되어 있다.

일본군 '위안부' 제도가 한국전쟁으로 인해 부분적으로 소생했다. 그 제도를 떠올린 '발상', 그 발상을 어떤 제지도 없이 실행한 한국군 수뇌부, 법 위반임을 의식하면서도 "묵인·관리"하겠다고 조치를 취하고 나선 이승만 정부, 그리고 아시아·태평양전쟁과 일본·오키나와 및 한국 점령에 이어 한국전쟁을 거치면서 '위안부'제도의 관리 방식에 동화되어버린 미군, 전쟁에 동원된 여성들에게 그들은 '포주'의 위치와 다를 바 없었다고 말한다면 지나친 표현일까? 전쟁의 일상, 일상의 전쟁에서 살아 남아 살고자 한 인생 전체가 국가가 관여한 성폭력으로 얼룩진 '위안부' 여성의 삶을 우리는 어떻게 대면하고 기록·기억하며, 응답해야 할까?

이영훈의 "우리 안의 위안부"론에 내포된 "폭력적 심성"

이영훈은 "위안부제가 일제의 패망으로 더불어 사라진 것이 아니며, 한국 현대사에서 한국군 위안부, 민간 위안부, 미군 위안부의 형태로 존속했다"고 주장한다(331쪽). 일본군 '위안부' 문제를 한국군 위안부 및 미군 위안부 문제와 연속으로 파악한 점에 대해서는 동의한다. 그러나 이영훈은 마치 혼자만의 발견인 양 글을 쓰고 있는데, 그건 결과적으로 선행 연구에 대한 그의 공부가 크게 부족하다는 것을 드러낼 뿐이다.

한국군 위안부에 대해서는 김귀옥 교수가 일찍부터 선구적인 문제 제기와 함께 군 자료를 발굴하고 회고록과 구술증언 자료를 수집했고 논문을 발표해왔다. 그 성과를 묶어 출판한 책이 《그곳에 한국군'위안부'가 있었다》(선인, 2019)이다. 또한 해방 후 공창제 폐지 아래 이루어진 정부의 성매매 '묵인·관리' 정책, 한국군/미군(유엔군) 위안소의 관리·운용, 기지촌 성매매 여성 관리와 국가폭력, 반反성매매 사회운동의 역사 연구에 천착해온 이나영, 이임하, 박정미 교수 등의 선행 성과가 축적되어 있다. 이 주제 관련 연구물을 한 번도 내지 않았던 이영훈은 1960년대 초반에 제출된 서울대 보건대학원 석사논문 3편과 1950~60년대 보건사회통계 정도를 보았을 뿐이다. 그럼에도 그는 연구논문이나 연구서 단계는 건너뛰고 유튜브에 강연하면서, 이 분야에 연구가 없다고 주장한다. 이것이야말로 용기라기보다 객기에 가깝고, 게으르고 오만한 것이다. 이영훈과 달리, 선행 연구들, 예컨대 박정미 교수의 연구는 보건사회 통계연보만 본 것이 아니라 성병 연보, 경찰 통계연보, 대한민국 통계연감 등 성병 검진항목이 포함된 각종 통계들을 확인하고 있고, 통계 범주/항목으로서 '위안부'의 정의가 시기에 따라 어떻게 변화되고 있는지도 분석한다. 아마추어로 사냥을 즐기는 한 장년 남성이 비행기에서 만난 국가대표 사격선수 여학생에게 사격에 대한 훈수를 하는 것을 보고 그의 '맨스플레인'에 괜히 내 얼굴이 화끈거린 적 있었다. 이영훈의 객기는 어떤 면에서 그보다 더하다.

이영훈은 한국군과 미군 위안부 문제뿐 아니라 그냥 "성매매를 전업으로 하는" 여성 전체를 "민간 위안부"라 칭하고 있다. "전국 거의 모든 도시에서는 사창가가 형성되었으며, 약 4만 명의 여인이 거기서 성매매를 전업으로 하는 위안부로 생활하였다"고 강조한다(262쪽). 그는 이 여성들의 이력, 성매매 종사 기간, 실태, 소득수준을 언급한 다음, 이 민간 위안부들이 "국가에 의해 보호받지 못하였다"(332쪽)고 지나가듯 언급한다. 그러면서 일본군 '위안부' 처지와 비교해 한국의 민간 위안부, 즉 성매매를 전업으로 하는 여성들이 더 열악한 상태에 놓여 있었다고 주장한다. 심지어 그는 "1959년 댄서, 위안부, 접대부, 밀창의 성병 감염률"을 "일정기의 창기"와 "일본군 위안부의 성병의 위험상태"와 비교하며 한국의 민간 위안부의 건강상태가 최악이었다고 주장한다(332쪽). 거듭 "일본군 위안부는 보호받는 처지였다"고 말한다. "일본군 위안부가 성노예였다면 해방 후의 민간이나 기지촌의 위안부는 그보다 훨씬 가혹한 성노예였다고 생각한다"고 말하면서도 이영훈은 "어느 쪽이든 성노예설에 찬성하지 않는다"고 덧붙인다(333쪽). 더 심각한 것은 이영훈이 이 책임을 일본과 한국의 '국가'에 묻는 것이 아니라 한국의 "난폭한 종족주의자"들에게 묻는다는 점이다 (334쪽). 구체적으로는 정대협을 지목하고 있다.

이영훈의 의도와 논리는 명백해 보인다. "빈곤계층의 여인들에게 강요된 매춘의 긴 역사 가운데 1937~45년의 일본군 위안부제만 도려낸 가운데 일본 국가의 책임을 추궁하지 말라"(334쪽)는 말이다. 위안부제가 해방 후 계속되었고, 더 열악했으며, 그 책임은 한국의 종족주의에 있다는 것이다. 이영훈은 이런 의도를 갖고 자료를 탈맥락적으로 선별해서 확대해석하거나 왜곡하는, 부정의 실증주의 방법을 구사하고 있다.

우선 이영훈의 "민간 위안부" 범주의 비역사성에 대해 비판적으로 살펴보자. 해방 후 공창제 폐지를 계기로 명칭의 범주가 변화하는 역사에서부터 시작해보자. 간단히 말하면 '공창', 즉 '창기'라는 명칭이 없어졌음을 의미한다. 과거 '기생', '작부', '여급'은 '접객부'라는 새로운 이름을 얻었고 '사창私娼'으로서 국가에 의해 묵인·관리되었다. 법률로 공창제를 폐지했음에도 불구하고 국가의 묵인·관리가 하위 행정명령으로 이루어졌고, 한국전쟁기에도 계속되었다.[58] 앞서 1951년 10월 10일 보건부의 〈청소 및 접객영업 위생사무 취급요령 추가 지시에 관한 건〉을 봐도 이를 확인할 수 있다. 이 지시에서 '위안부'를 "위안소에서 외군을 상대로 위안 접객을 업으로 하는 부녀자"라고 정의한 것은 이미 확인했다. 흥미로운 건 '위안부'를 '접객부', '땐사'와 뚜렷하게 구분했다는 점이다. 접객부는 과거의 기생, 작부 여급 등이고, 땐사는 "땐스홀에서 또는 특수카페 등에서 땐스를 업으로 하는 부녀자"로 정의했다.

국군과 연합군을 위해 이승만 정부가 직접 설립한 위안소는 1954년까지 모두 폐쇄되었지만, 휴전 후 계속 주둔한 미군을 상대하는 기지촌 성매매는 본격적으로 확대되었다. 서울에서는 용산·이태원·영등포가 대표적이었고, 인천·부평, 경기도 파주와 양주(현 의정부와 동두촌 포함 지역), 포천·평택·송탄, 부산 범전동·우동·초량동, 광주 송정리 등도 여기 들어간다. 한편 민간인

성구매자들이 찾는 성매매 집결지도 발달했다. 집결지는 '서종삼'이라 불렸던 서울 종로 3가 집결지, 동대문 근처, 서울역 주변, 인천 선화동, 부산역과 완월동, 대구역과 자갈마당, 대전 중동, 마산 신포동 등을 중심으로 형성되었다.[59]

위안소가 폐쇄되고 성매매 집결지가 발달하는 상황에 맞게 1957년 2월 28일 시행된 전염병예방법 시행령은 성매매 여성의 범주를 재조정했다. 기생은 '접대부'라는 이름으로 바뀌었고, 접객부의 하위 범주인 '여급'이 독립했다. 즉 '접객부'는 접대부, 작부로 구성되었고, 별도로 댄서, 여급, 위안부와 구분되었다. '위안부'의 정의 범위에도 변화가 생겼다. 국가와 군이 설립한 위안소가 사라졌기 때문이다. 이 법령의 시행으로 '위안부'는 좁게는 미군 상대 성매매 여성, 넓게는 전업 성매매 여성("매음 행위를 하는 자")을 가리키는 용어가 되었다.[60] 다만, 1950년대 중반부터 1960년대까지 성병 검진통계에서 '위안부' 범주는 주로 미군 상대 기지촌 성매매 여성을 가리키는 말이라고 이해해도 좋을 것 같다. 1960년대 '윤락여성'을 단속하는 범죄통계에서는 '위안부'와 '창녀' 두 범주로 구분되었다. 여기서 '위안부'는 "유엔군을 접객"하는 여성들을, '창녀'는 "도심 지역에 있는 소위 선도 구역"에서 내국인을 대상으로 성을 파는 여성을 가리켰다.[61] 이렇게 볼 때 이영훈이 칭한 "민간 위안부"란 범주는 비역사적일 뿐 아니라 혼동을 야기하고 왜곡된 주장을 하기 위한 용어라고 판단한다.

다음으로 일본군 '위안부'제를 해방 후 계속 존속시킨 책임을 누구에게 물어야 하는지 생각해보자. 이영훈은 "난폭한 종족주의자들"에게 물어야 한다고 물타기를 시도했지만, 이승만 정부, 곧 국가가 전시 한국군 및 미군/유엔군 위안소를 설립한 것에 대해 책임을 져야 한다. "위안소에서의 위안 접객"을 위해 여성 본인의 의사에 반해 동원되었다면 강제 동원이고, 강요된 성적 위안에 동원되고 그런 생활이 계속되었다면 성노예인 것이 맞다. 그러나 이승만의 신봉자인 이영훈은 여성들이 국가에 의해 보호받지 못했다는 식으로 국가 책임의 소재를 흐릿하게 만들고, 그 대신 한국 사회의 가부장제와 민족주의(또는 종족주의)에 책임을 전가하려 했다.

또한 전후 기지촌 성매매 여성과 전업 성매매 여성을 통칭하는 1950년대 중반 이후의 '위안부' 문제에 대해서도 한국 정부는 그 책임에서 자유로울 수 없다. 기지촌 여성들의 증언에서도 이는 분명히 드러난다. 경기도 평택 지역의 공무원들은 당시 기지촌 여성들에게 쌀과 생필품을 지원하며 이런 말을 했다고 한다. "언니들은 나라를 살리고 외화 획득을 했기 때문에 도움을 받아도 괜찮아요." 또한 공무원들은 기지촌 여성들에게 성매매할 때의 태도까지 세부적으로 교육했다고 한다. 한 경찰서장은 "미군을 불쾌하게 하면 이적 행위"라고 겁박하기도 했다 한다. 국가는 미군의 주둔을 위해 성매매를 조장하면서 묵인, 관리해왔고, 그 때문에 기지촌 여성들은 강제 검진·구금·구타·인신매매에 시달려왔다. 한국 법원도 이를 인정했다. 2018년 2월 8일 서울고등법원은 미군 위안부 문제가 국가 책임이라며, 위자료를 지급하라는 2심 판결(2017나2017700)을 내렸다.[62]

그러나 이영훈은 "위안부 문제의 근원에 한미동맹이 있고 위안부들이 외화벌이의 역군으로 동원됐다"는, 그간 미군 위안부를 지원하는 단체와 학계의 논의에 대해 별다른 반박 근거도 없이 그냥 "동조하지 않는다"고 말하며 "정치적 접근에 대한 의문"을 표시한다(268~269쪽). 캐서린 H. S. 문의 《동맹 속의 섹스》(삼인, 2002) 이후 기지촌 여성에 대한 연구는 한국뿐 아니라 미군기지의 전 지구적 네트워크와 기지촌 여성 문제에 대한 연구로 확산되어왔고, 그 성과가 쌓이고 있다. 특히 이나영 교수를 비롯해 페미니스트, 구술사 연구자들의 기지촌 연구는 새로운 시각과 양질의 자료를 더하고 있다. 그런데 너무나 단순하게도 이영훈은 "우리의 인생살이 자체가 위선적이라고 생각합니다. 그것을 두고 한미동맹을 굳건히 하기 위해서라든가 심지어 외화벌이를 위해서였다고 해석함은 지나치게 정치적"(269~270쪽)이라고 주장한다. 그는 근거가 빈약한 정도가 아니라 아예 근거 없이 동어반복하며 주장할 뿐이다. 누가 정치적인지 되묻지 않을 수 없다.

마지막으로 이영훈의 악의적인 갈라치기 방식을 지적하려 한다. 그는 "일본군 위안부 문제에 종사하는 사회운동가들"이 "일본군 위안부와 미군 위안부는 다르다고 주장하며 선을 그어왔다"고 말하면서 그렇게 하는 이유로 "반일 종족주의라는 집단정서가 작용하기 때문"에 "일본군 위안부 문제에 대해 한국인들은 더 없이 분노"하지만 "미군 위안부 문제에 대해서는 그렇게 반응할 정서가 없다"고 주장한다(270쪽).

일본군 '위안부'와 미군 '위안부'를 구분하는 것은 기지촌 주변 상인들과 일부 주민들, 일부 배타적 국수주의자들의 논리다. 이와 달리 김복동 할머니 등 일본군 '위안부' 피해자들은 미군 위안부 피해자들과 연대해왔고, 수요시위에서도 함께해왔다. 이영훈이 난폭한 종족주의자로 낙인찍은 정대협(현 정의기억연대)도 미군 위안부 할머니들과 그 지원단체의 활동가들과 여러 형태로 연대해왔다. 정의기억연대의 이사이기도 한 이나영 교수는 십수 년 동안 미군 기지촌 여성 문제의 역사와 운동 연구에 천착해왔고, 최근에는 미군 '위안부' 문제의 진상규명 및 피해 지원을 위한 입법 활동에도 매진해왔다.

일본군 '위안부', 한국군 '위안부', 미군·유엔군 '위안부', 기지촌과 성매매 집결지에 있던 '성판매' 여성들은 분석적으로 이렇게 유형화되어 구분될지 모르지만, 여성의 생애에서 보면 모두 관통될 수도 있는 체험이었다. 이영훈이 진심으로 "우리 안의 위안부에 대한 고찰"을 진지하게 했다면, 그 여성들의 삶과 체험의 이야기에 귀를 기울이고 공감해야 했다. 그러나 그는 자신의 목적에 따라 왜곡된 주장을 하기 위한 도구로 활용했다. 결론적으로 이영훈의 "우리 안의 위안부"론은 대단히 기만적이고 난폭하다. 그가 언급한 폭력적 심성은 누구보다 그 자신에게 돌려야 하지 않을까?

탈진실의 시대,
역사부정을
묻는다

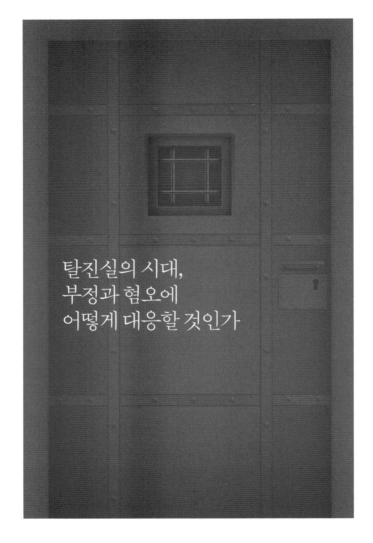

탈진실의 시대,
부정과 혐오에
어떻게 대응할 것인가

탈진실의 시대, 부정과 혐오가 펼쳐내는 풍경

2019년 10월 3일 민족문제연구소와 일본군'위안부'연구회가 '역사부정을 논박한다'는 주제로 《반일 종족주의》를 긴급진단하는 자리를 가졌다. 행사장인 식민지역사박물관 1층 홀은 피해자, 지원단체 활동가, 연구자, 일반 시민 등 청중으로 가득 찼다. 청중은 학계의 때늦은 첫 공식 대응 자리를 뜨겁게 만들어주었다.

그 자리에서 김창록 교수는 〈법을 통해 본 반일 종족주의의 오류〉를 발표하면서 "광기 어린 증오의 역사소설가"(24쪽)라는 표현을 끄집어냈다. 이영훈이 조정래에게 비난한 말이다. 그러나 김 교수는 누가 광기 어리고 누가 증오를 표출한 역사소설을 쓰고 있는지 이영훈에게 되물었다. 신기하게도 그 말을 들었을 때의 감각이 또렷이 기억난다. 만약 책을 쓰게 되면 이 표현을 꼭 쓰고 싶다고 당시 김 교수에게 말을 건넸다. 《반일 종족주의》를 읽었을 때, 나는 이영훈'들'이 학문의 외양으로 쏟아 놓은 악의적인 거짓말과 선동이 부메랑처럼 그들에게 되돌아갈 것이라 예감했다.

《반일 종족주의》의 의도와 목표가 무엇이었을지, 이영훈'들'이 바라는 게 무엇이었을지 긴급진단회 자리에 있던 발표자와 토론자, 청중에게 질문으로 던져졌다. 물론 책에서 명시적으로 제시되어 있고, 이영훈도 여러 인터뷰에서 밝힌 바 있다. 반일 종족주의로 인한 거짓말을 바로잡겠다느니, 자신들은 사료에 충실하고 기본 사실만 말하며 역사의 실태를 있는 그대로 드러낸다느니 하는 일방적 주장 말이다.

훨씬 전 독일에서도 똑같은 일이 벌어졌었다. 역사수정주의자들은 "자신들의 주장이 사료와 증거에 기반한 신뢰할 만한 학문적 연구 결과"임을 강조했다. 그들의 출판물에도 다양한 문서와 자료들이 인용되어 있고 각주가 달려 있다. 그러나 대개 기존 합의된 연구 성과를 모르거나 무시하고, 자신들끼리만 서로 인용하고 베끼며, 근거 없는 숫자의 나열, 주장의 끝없는 반복을 시도했다. 그들의 자료 선택은 편향적이고 의도적으로 사료를 오독하거나 생략하며, 전거를 왜곡하거나 필요하면 없는 증거를 만들어서라도 자신들의 주장을 합리화한다.[1] 이것이 일본에서, 그리고 한국에서 구태의연하게 반복되고 있다.

탈진실의 시대,
역사부정을
묻는다

새로울 것 없는 이런 주장, 논리, 방법은 얼마든지 논박 가능하다. 주장의 근거로 동원된 사실 조각들이 비틀리고 왜곡된 채 버무려져 있는 게 확연히 보인다. 비유하자면, 이영훈의 책은 상처투성이고 심지어 상한 재료(사실)들이 일부 괜찮은 재료와 섞인 채 화려한 양념으로 버무려진 가짜 음식(책)이다. 맛이나 영양(역사의 올바른 이해)은커녕 잘못 먹으면 탈이 날 수도 있는 음식이다.

문제는 《반일 종족주의》와 이영훈의 주장이 엄청나게 팔리는 음식이라는 것이다. 선정적인 시각과 센 맛에 익숙해져 있는 뉴 미디어 플랫폼의 이용자들에게, 더 나아가 진영화된 대중에게 이 책과 이영훈의 주장은 잘 포장된, 맛있는 진짜 음식으로 비춰진다. 한 온라인 서점의 책 평점에서 최고와 최악이 거의 반반으로 갈린 걸 보더라도 알 수 있다. 선정적이고 목청만 높을 뿐 질 떨어지는 콘텐츠 내용이 새로운 미디어 플랫폼과 기술을 만나면서 과거와 질적으로 다른 파급력을 만들고 있는 것이다.

이런 상황에서 상처투성이고 상한 재료들이 문제니 이걸 갖고 만든 음식이 제대로 된 것일 리 없다고 주장할 것인가? 그것도 하나의 방법이긴 하다. 다만 재료들(사실들)을 두고 세세하게 전문적으로 싸울수록 그 세세함과 전문성에 냉소적인 태도를 취하거나 회피하는 사람들도 많아질 것이다. 요즘처럼 탈진실시대에는 팩트 싸움이라는 게 진영논리의 다툼으로 흘러갈 때가 많다. 서로 자신이 팩트고 상대방이 팩트가 아니라는 식의 공방을 하다보면, 반지성주의가 싹을 틔우고 맹렬히 자란다. 어쩌면 역사수정주의의 효과는 역사를 부정하는 것에 그치지 않고 '팩트'에 대한 냉소, 즉 사실을 이야기하는 것이 따분하고 재미없는 일이라 생각하고 무감각하게 하는 데 있지 않을까? 팩트'주의'(팩트를 주장하는 사람, 상황, 구도를 주의하라!)나 팩트'충'에 대한 혐오는 이를 반증하지 않을까?

그래서 나는 재료(사실)에 대한 세세하고 전문적인 싸움과 다른 트랙에서, 이 수준 미달의 음식(책)이 맛있다고 오인되는 맥락을 짚어내고 거기에서 대응을 시작하는 것이 필요하지 않을까 생각한다. 2부에서 책의 주장을 구체적으로 사실 하나하나 확인하며 논박하기 전 1부에서 책이 놓인 맥락과 배경을 심층적으로 파고드는 것은 이러한 문제의식에서였다.

일본에서는 1997년이 변곡점이 되어 '새역모'로 대표되는 역사 부정론이 출현했고, 천황을 핵심으로 하는 국가 신도神道를 욕망하는 '일본회의'가 결성되었다. 그 후 역사부정론과 (종교화된) 국가주의가 결합되기 시작했고, 곧바로 반페미니즘 백래시로 전선이 확대되었다. 이 백래시는 1990년대 말 '젠더프리' 반대운동을 타깃으로 삼았다. 새역모의 역사부정론자와 일본회의의 일본여성 모임이 앞장서서 지자체의 성평등 조례나 페미니즘 및 젠더 관련 강연, 학교 페미니즘 성교육에 대한 백래시를 전개했다. 그들에게 일본군 '위안부' 문제와 성평등 및 페미니즘 교육은 "애국심과 전통질서를 파괴한다는 점에서 서로 연결되는" 것이었다. 2005년 관방장관이었던 아베 신조가 "과격한 성교육·젠더프리 교육 실태를 조사하는 프로젝트팀"의 좌장을 맡았던 것은 꽤 시사적이다.[2]

일본의 1997년과 비교할 수 있는 게 한국의 2005년이다. 노무현 정부의 과거사 및 친일파 청산 제도화와 운동이 아이러니하게 뉴라이트를 탄생시키면서, 복수의 우파운동이 전개되었다. 그리고 일본의 새역모처럼 한국에서도 뉴라이트 계열의 교과서포럼이 등장했다. 이영훈'들'의 탄생과 《반일 종족주의》의 역사적 계보로 구성될 수 있는 반동이 시작된 것이다. 그런데 이때만 해도 친일파 청산에 식민지 근대화론이라는 맞불을 붙여 놓고 도전하는 구도였지, 본격적으로 일본군 '위안부' 문제를 부정하는 시도가 지속된 것은 아니다. 2004년 이영훈이 MBC 심야토론에서 일본군 '위안부'는 돈을 벌기 위해 나갔던 매춘부라고 발언한 것이 부정·부인에 해당하지만, 그로 인해 곤욕을 치렀고 곧바로 사과하면서 일회적 해프닝으로 끝났다. 2005년 이후 한일 우파 간, 한국 우파 간, 여러 뉴라이트 계열 간 연대가 없지 않았지만, 다소 불안한 것이었다. '친일파 청산'과 반일 민족주의를 침식시키려는 시도가 역풍을 맞는 국면이 전개될 때에는 연대보다 분열 양상이 두드러졌다. 그러나 동시에 그 힘에 대한 백래시도 점증되어갔음을 간과하지 말아야 한다.

그런 의미에서 2015년은 한일 우파에게 중요한 분기점이 되었던 해다. 한일 우파는 피해자를 배제한 졸속 합의 형태로 일본군 '위안부' 문제를 억압, 부정했고, 재일조선인을 배제하고 극단적으로 혐오했다. 한국에선 '조선적籍' 조선인의 배제로, 일본에선 '재일특권' 혐오로 나타났다. 그것도 극우 성향의 '생물학적 여성' 정치인·언론인·연구자를 내세워 부정하고 혐오했다. 스기타 미오 의원은 투명하게 이 모든 것들을 스스럼없이 보여주었다. 스기타는 일본군 '위안부' 문제, 재일조선인, 성소수자, 난민 등 모든 문제에 극단의 혐오 발언을 쏟아냈는데, 흥미로운 건 이 문제들에 대한 진짜 진실을 참된 여성인 자신이 알리겠다는 식의 논리를 구사한다는 점이다.[3] 자신이 진실과 참됨의 위치에 서 있으니 상대는 가짜와 거짓이고 따라서 제거해야 될 것으로 바라본다. 한국에서도 다르지 않은 풍경이 암울하게 펼쳐지고 있다.

'역사부정죄' 입법이 필요하다

탈진실의 시대에 역사부정에 관한 온갖 망언과 혐오 발언이 펼쳐내는 풍경을 담아낸 책이 바로 《반일 종족주의》다. 이 책에 어떻게 대응할 것인가는 결국 부정과 혐오에 어떻게 대응할 것인가에 대한 문제이다.

이 책을 쓴 이영훈 '들'을 역사부정으로 형사 처벌하자는 주장이 일각에서 나온다. 일본군 '위안부' 및 강제 동원 피해자 등의 명예 훼손 소송에 그치지 말고, 피해자를 향한 저자들의 혐오 발언을 적극 형사 처벌하자는 것이다. 이와 달리 표현의 자유와의 갈등 문제, 역사적 진실은 논쟁으로 해결할 문제라는 이유를 들어 처벌을 반대하는 목소리도 있다. 무엇보다 역사부정이나 혐오 발언을 처벌한다고 해서 그런 행위가 근절되지 않는다는 현실적인 문제를 들어 처벌에 신중해야 한다는 입장도 만만치 않다.[4] 처벌한다고 해서 부정과 혐오의 사상과 발언이 근본적으로 소멸되지 않고 자칫하면 그들을 순교자로 만들 수도 있다는 것이다.[5]

법적 규제의 방향은 현실의 필요성과 연동되어 있다. 미국의 역사와 현실에서는 표현의 자유가 민주주의의 조건으로 받아들여졌기에 이를 제한하는 입법을 금지하고 있고, 홀로코스트를 기억하는 독일에서는 민주주의의 방어라는 관점에서 극단주의의 발흥과 부정의 시도에 입법을 통해 적극적으로 대응해왔다. 따라서 이재승은 이들에 대한 대응은 어떤 방향이 좋은 것이라고 이론적으로 말할 수 없고, 원칙을 택한 이후에 그 부작용을 감수해야 한다고 논의한다.[6]

얼마 전 한 시민강좌에서 내게 질문을 했던 시민의 분노가 아직도 귓속에 남아 있다. "표현의 자유가 혐오할 자유는 아니잖아요. 혐오 발언('헤이트 스피치')이 어떻게 언론입니까? 혐오 발언은 차별, 폭력, 배제이고 그걸 선동하는 겁니다. 그러니까 규제되어야 하는 것이 맞잖아요."

나도 동의했다. "이제 표현의 자유는 약자의 권리 보호가 아니라 강자의 자기 정당화, 약자에 대한 폭력의 알리바이가 된 것 같다"고 답했다. 그러나 말을 더 이어가지는 못했다. 혐오 발언과 역사부정은 표현의 자유 문제가 아니므로 규제되어야 하고, 형사처벌을 해야 한다는 입장을 풀어 설명하지 못했다.

나는 부정과 혐오는 '표현'의 문제가 아니라 '발화發話'의 문제라고 생각한다. 한때 부정과 혐오 발화는 담론적으로 맞받아치고 전복하는 방식으로 소멸까진 아니더라도 우습게 만들 수 있을 것이라 판단했다. 그렇게 부정과 혐오를 일삼는 자들을 고립시킬 수 있을 것이라 보았다. 그런데 유튜브 등 뉴미디어 플랫폼과 인공지능 기술로 인해 담론이 크게 두 개의 진영으로 고착화되는 상황에서 정말 그렇게 될 수 있을까? 한국과 일본에서 최근 목도되는 상황을 보면 낙관할 수만은 없게 된다.

그러던 차 2019년 12월 13일 한일 공동 심포지엄에서 '혐오 발언과 역사부정: 범죄인가 역사해석인가' 섹션의 발표와 토론을 접했다. 발표자는 일본에서 '헤이트 스피치'와 증오범죄 문제에 대해 법과 운동에서 천착해온 마에다 아키라前田朗 교수와 한국에서 '혐오 표현'의 문제점과 규제의 필요성을 다룬 《말이 칼이 될 때》를 쓴 홍성수 교수였다. 게다가 홍성수는 혐오 표현의 기본 문제의식을 역사부정죄에 대한 논의로 확장하는 발표를 했다.

마에다 아키라는 일본에서 '헤이트 스피치를 받지 않을 권리'를 논의하면서 헌법상의 논거들을 확보하는 작업을 보여주었다.[7] 홍성수도 특정 역사적 진실을 부정하는 것에 대해서 처벌의 절박한 필요성과 근거가 마련되어야 한다고 주장하면서 마에다 아키라와 비슷한 논거를 들었다. 바로 진실 논거(역사적 진실의 추구), 피해자 논거(생존 피해자와 후손들의 명예 보호), 인간 존엄 논거(인간 존엄 침해), 차별 논거(소수자 차별로서의 혐오 발언)였다. 다만 홍성수는 진실 논거를 피해자·인간 존엄·차별 논거와 구별하고, 진실 논거는 역사부정을 처벌하는 논거로 정당화될 수 없다고 주장했다.[8] 그러나 역사적 진실의 문제는 '과거사'에 국한되지 않는다. 피해자에게 진실을 추구하는 문제는 차별과 배제로부터 벗어나 인간 존엄을 회복하는 문제이기도 하다. 그래서 부정론자들이 진실을 억압하고 부인할 때, 피해자들은 오랫동안 차별과 배제되어 왔던 감정을 되새기는 체험을 겪게 되고 인간 존엄이 크게 침해된다는 느낌을 받는다. 결론적으로 나는 진실 논거도 역사부정죄를 가능하게 하는 중요 요건이라 판단한다.

정리하면, 역사부정론자들이 학문·사상·표현의 자유를 내세워 반인도범죄 등 매우 중대한 인권침해에 대해 진실을 부인하고 왜곡하는 것은 진실·피해자·인간 존엄·차별의 논거를 바탕으로 처벌해야 한다. 그런 의미에서 엄격하고 제한된 역사부정죄 입법을 신중한 방식으로 고려할 수 있어야 한다고 생각한다.

《반일 종족주의》의 내용과 주장은 당시 일제가 저질렀던 전쟁범죄와 반인도범죄에 대한 진실을 은폐하거나 심지어 미화하고 있다. 또한 그 대량 범죄에서 생존한 피해자들의 존재를 부인하고 억압하고 있다. 이에 그치지 않고 현재 역사부정 행위는 페미니즘과 난민, 성소수자, 재일조선인 혐오와 만나 거대한 백래시를 만들어내고 있다. 2019년 '반일 종족주의 현상'이라는 백래시에 대해 어떻게 '반격'할 것인가?

　한편으로 역사부정죄와 혐오 발언에 대한 처벌 입법이 요청되지만, 법적·제도적 규제에 기댈 수만은 없다. 나는 지금까지 이영훈'들'이 쓴 책에 담긴 맥락과 배경을 분석하고, 그 책의 주장, 방법, 논리에 대한 비판의 폭과 깊이를 더하면서, 책이 왜곡하고 찬탈한 자료와 증언을 꼼꼼하고도 종합적으로 다시 보고 듣고 읽었다. 그렇게 복원된 여러 이야기와 목소리를 들려주고자 했다. 그걸 듣는 '우리'가 많아지고 공감 확산과 연대가 이루어지는 것이야말로 반격을 위한 또 다른 토대가 되리라 믿는다.

보론·조경희 (성공회대)

부정의 시대에
어떻게 역사를
듣는가

일독해서 느낀 것은 단순한 반한·혐한 책이 아닌, 저자들이 현재의 한국을 우려하면서 적은 '우국憂国의 서'라는 점입니다. …… 그들[한국인들]이 왜 역사적 사실과 다른 불가사의한 주장을 해왔는지 그 이유를 역사적으로 생각해야 합니다. …… 그런 의미에서 《반일 종족주의》는 필독서라 하겠습니다.

저자들은 '한국인은 역사에 대해 과도한 열등감을 갖지 말라'고 격려하고 있다. 그 점에서 본서는 역사를 사는 한국인에 대한 경의에 넘친 책이라 생각한다. …… 그들이 자신의 역사에 대해 이토록 적나라하게 자기반성을 전개하는 아픔과 깊이를 헤아려 봐야 한다.[1]

《반일 종족주의》일어판을 간행한 문예춘추文藝春秋의 주간지 《주간분슌週間文春》은 2019년 말 《반일 종족주의》특집을 꾸몄다. 위의 인용문 중 첫 번째는 자민당 정치인 이시바 시게루石破茂의 평이고, 두 번째는 한국 전문가로 알려진 교토대 교수 오구라 키조小倉紀藏의 평이다. 둘 다 《반일 종족주의》에 찬사를 아끼지 않는다. 이들은 혐한론자가 아니라 오히려 한국에 대한 호의적인 태도로 인해 넷우익들에게 비난을 받기도 하는 인물들이다. 이들만이 아니라 《주간아사히》는 이 책을 "한국 사회의 성숙"으로 표현했고, NHK 전 서울지국장은 "미래 지향의 역사관이 한국에서 나온 점에 큰 의미가 있다. 이 현상을 한국에서 '반일'의 글의 시작일지도 모른다"라고 호의적으로 평가했다.[2] 2020년 1월 말 현재 아마존 재팬에는 525개의 리뷰가 달렸다. 그중 별 하나나 두 개의 평가는 5퍼센트 이하로, 오히려 과격한 혐한론의 입장에서 내리는 혹평이 대부분이다.

2019년 후반기 과거사를 둘러싼 한일관계의 균열과 거의 비슷한 시기에 나온 책 《반일 종족주의》는 국내외에 상당한 파장을 일으켰다. 일본의 넷우익에서 중도적인 지한파들까지 이 책에 매료되는 현상을 보면 이영훈은 확실히 광범위한 독자 타깃을 설정했다. 한국의 '거짓말 문화'는 혐한파들의 상투어이며, '자기반성'은 지한파들이 선호하는 한국인의 모습이다. 일본의 리버럴들의 본격적인 서평은 아직 찾지 못했다. 이대로 불편한 침묵을 지킬 것일지, 5년 전 박유하의 《제국의 위안부》사태처럼 분열을 다시 겪

탈진실의 시대,
역사부정을
묻는다

을 것인지 주목할 수밖에 없다. 어쨌든 외면하고 있을 수만은 없을 것이다.

강성현 교수의 이 책에서도 언급된 것처럼 민족주의가 아닌 '종족'주의란 말은 학문적 개념이 아닌 상대방을 미개한 존재로 폄하하기 위한 레토릭이자 혐오와 모멸의 언어, 낙인이다. 오래전부터 이 말을 구상했다던 이영훈은 NHK와의 인터뷰에서 출판 후 '친일파'라는 '공격'에 대해 "그럼 너는 반일 종족주의자"라는 '반격'이 가능해진 것을 바람직한 변화로 거론한 바 있다.[3] 그들에게 "역사전쟁은 상대방이 건 싸움"이다. 《반일 종족주의》는 자신들을 박해받는 피해자로 간주하는 한일 역사부정론자들의 확증편향에 일종의 보증서가 된 셈이다. "성의 있는 한국인은 박해를 두려워하지 않고 이에 맞서고 있다"[4]는 어느 일본 시민의 평처럼 일본의 대중들 사이에서 이영훈은 이미 순교자적 위치를 차지하고 있다. 《반일 종족주의》는 가장 좋은 타이밍에 효과적으로 산포되었고 혐한 담론에 정당성을 부여해줬다.

이와 같은 현상에 대해 나를 포함한 대부분의 연구자들은 씁쓸하게 웃어 넘기거나 무관심한 척하면서 자신들의 위치를 지켰다. 일일이 대응하려면 세심한 팩트 체크가 필요하고 그러기에는 얻을 것보다는 프레임 논쟁에 휘말릴 가능성이 더 컸기 때문이다. 그 속에서 이 책의 저자 강성현은 《반일 종족주의》의 문제점과 이 현상의 확대를 예견하고 재빨리 대응에 나섰다. 그는 역사사회학자로서, 특히 국가폭력의 과거사를 연구하는 사회학자로서 《반일 종족주의》가 제시하는 역사 자료와 인식 프레임을 집중검토하고 전면으로 반론을 제기했다. '위안부'를 성노예가 아닌 공창제하 직업적 매춘부였다고 규정하고, '위안부' 피해자 문옥주 이야기를 '반일 종족주의' 비난을 위해 활용하는 이영훈의 선별적인 자료 취급에 대해, 풍부하고 맥락적인 자료 읽기의 방법을 스스로 실천해 보여주었다. 그동안 '위안부' 문제와 관련된 미군 자료들을 발굴하고 피해자들의 목소리와 마주해온 저자였기에 가능한 작업이었다.

강성현의 작업을 비롯해 국내에서는 《반일 종족주의》에 대한 반론이 몇 차례 이뤄졌지만 충분하지 않다. 실증주의적 반론이 여전히 필요한 것은 말할 것도 없지만, 현상으로서의 역사부정의 핵심을 찌르는 문화론적 혹은 인식론적 분석은 이제 막 시작한 단계라 할 수 있다. 프롤로그와 에필로그에서 저자가 서술한 것처럼 탈진실시대 이른바 '부정의 실증주의', 혹은 팩트에 대한 냉소주의를 어떻게 넘어설 것인가. 물론 이것은 한국만이 아닌 현재 선진국이 안고 있는 공통의 과제지만, 특히 포스트 식민·냉전·지구화가 동시 진행되는 한국 사회의 다이내믹한 현실은 과거사 문제를 둘러싼 갈등이 향후도 지속될 것임을 예고하고 있다.

탈진실의 시대,
역사부정을
묻는다

한일 역사부정론의 동시대성

이와 같은 한국의 현실을 일본의 맥락과 연결시켜볼 때 더 뚜렷한 그림이 드러난다. 저자가 반복해서 지적하는 것처럼 이영훈을 비롯한 한국의 뉴라이트는 역사부정을 일삼는 일본의 우파들과 연동되면서 활동 영역을 넓히고 있고 앞으로 더 그럴 가능성이 높다.

한일 우파의 움직임을 동시대적인 흐름에서 추적해본다면, 2005년 한국의 뉴라이트 결집과 2019년 '반일 종족주의' 현상은 1997년 일본의 '새로운 역사교과서를 만드는 모임(새역모)' 결집과 2013년의 '위안부' 국제전 전개 등과 호응관계를 이루고 있다. 즉, 2005년 한국의 뉴라이트 결집이 노무현 정권의 과거청산 제도화에 대한 반발을 큰 동력으로 삼았다면, 1997년 일본의 새역모 결집은 1994~5년 '위안부' 문제와 식민지배 책임을 언급한 고노 담화·무라야마 담화, 더 넓게는 전후 50주년 즈음한 리버럴 세력의 자기성찰을 배경으로 하고 있었다. 하나 더 덧붙이자면 재일조선인들의 참정권운동이나 페미니즘운동이 일정한 성과를 거두고 있었던 것도 이 시점이다. 역사수정주의의 분출은 확실히 '위안부' 문제, 재일조선인, 페미니즘 그리고 이를 지지하는 '리버럴' 세력 전반에 대한 백래시의 성격을 띠고 있었다.

그 후 일본 우파들의 행보는 참으로 스펙터클했다. 새역모에서 시작된 역사수정주의는 2000년대 광범위한 넷우익들로 확대되었고 그 과정에서 혐오 발화를 일삼는 '재일특권을 허용하지 않는 모임(재특회)'과 같은 괴물이 등장했다. 오늘날 아베 정권의 배후에서 활약 하는 전국적인 종교 우파 네트워크 '일본회의' 또한 90년대 역사수정주의의 곁에서 활동을 시작해 일본 최대 우파세력으로 성장하였다. 한국에서도 많이 알려진 새역모, 재특회, 일본회의는 각각 다른 활동을 전개하면서도 서로 연결되면서 역사부정의 큰 물결을 만들어왔다. 2000년대 들어 역사수정주의는 더 명확히 역사부정 현상으로 나타났다.

두 번째 전환점으로서의 2013년 이후 우파들이 국제무대에서 '역사전'을 펼치게 된 계기는 '위안부' 문제였다. 2013년부터 2015년까지만 봐도 미국 캘리포니아 글렌데일Glendale 위안부 비의 설치에 대한 소송, '위안부의 진실 국민운동' 결성, 일본 정부 내 고노 담화 검토팀 설치, 요시다 세이지吉田清治 증언을 둘러싼 압박과 증언 취소, 우파들의 유엔 진출, 그리고 12·28 한일합의까지, 그야말로 '위안부' 문제는 일본 우파들의 '주전장'이 되었다.[5] 1997년과 2013년은 공통적으로 비자민당이 정권을 잡은 후였다는 점, 그리고 일본 사회가 대지진을 겪은 후였다는 것도 주목할 만하다. 결정적으로 중요한 것은 이 과정이 일본의 '리버럴' 세력이 대항적인 힘을 잃어가는 과정이었다는 점이다. 이 점은 그동안 서경식, 김부자, 정영환 등 재일조선인 연구자들이 비판적으로 지적해온 점이다.

일본에서 역사부정론의 대중화가 진행된 것은 만화를 비롯한 서브컬처의 영향이 컸다. 예컨대 저널리스트 야스다 고이치安田浩一는 90년대 후반에 들어 후배기자들이 대표적인 우파 만화가 고바야시

요시노리小林よしのり를 찬양하거나 '위안부'에 대한 의심을 드러내기 시작했다고 회상한다.[6] 고바야시는 주간지 등 가벼운 보수잡지에서 천황제, 개헌, 애국주의, 역사부정 등의 콘텐츠를 꾸준히 확산해갔다. 그가 새로웠던 것은 만화라는 매체를 통해 역사에 개입한 점, 그리고 서민들의 심정을 대변하는 반反엘리트주의와 아마추어리즘을 실천한 점에 있었다.[7] 1990년대 그의 행보는 팩트의 검증보다는 대중들의 감성을 자극하고 "진솔한 보통 사람들의 정서"(이영훈)를 내세우는 탈진실시대 역사부정론의 선구적 사례이다. 일본의 역사부정의 대중화 과정은 한국 사회가 겪고 있는 일들을 미리보여주는 듯하다.

물론 아베 신조의 장기집권으로 사회 전체적인 반동화가 진행된 일본과 가까운 과거에 박근혜 정부를 무너뜨린 경험이 있는한국은 역사적 경험도 사회적 동력의 수준도 많은 차이가 있다. 강성현이 지적한 대로 2005년 시점에서 한국의 뉴라이트는 식민지 근대화론자들이었지 본격적인 역사부정론으로 나아가지는 않았다. 그러나 2013년 이후 역사교과서 국정화 시도를 보고 기시감을 느낀 사람들이 많았던 것처럼, 한국의 뉴라이트는 일본식우파운동에서 활로를 찾은 듯했다. 그들이 '종북'을 거쳐 '반일'을겨냥하기 시작한 것도 당연하다고 해야 할 것인가.

오늘날 문재인 정권과 그 지지자들, 그리고 역사를 말하는 대중들을 사악한 '반일 종족주의자'로 보고 제악의 근원으로 삼는 이들은 15년 전의 뉴라이트·탈근대론자들의 수준에서 많이 벗어났다. 제1부 첫 부분에 저자가 기록한 '반일 종족주의' 현상은 우리의 예상을 초월하면서 나날이 갱신되고 있다. 이것은 과연 저자의 기우인가? 현재 중요한 것은 올드라이트와 뉴라이트의 구분이 아니라 두 질서가 뒤섞이면서 파편화된 개개인의 신자유주의적 심성이 끊임없이 재편되고 있는 점이다. 역사의 피해자나 사회적 소수자의 위치를 정치화된 것으로 왜곡하고 이를 현재의 질서를 위협하는 존재로 특권시하는 '부정과 혐오의 정동'이 순간적으로 증식될 수 있다. 이 책은 무한한 프레임 싸움에 빠질 수 있는 정황에 어떻게 다르게 개입할 것인가를 모색하는 실천이기도 하다.

역사부정과 여성혐오

홀로코스트 부정론자와의 법정투쟁 실화를 다룬 영화 〈나는 부정한다〉(Denial, 2016)에서 히틀러를 연구하는 영국 대학교수 데이빗 어빙은 "자신은 홀로코스트에 대한 관심을 불러일으킨 사람인데, '부정론자'라는 꼬리표로 인해 명예를 훼손당했다"고 호소하였다. 그 외에도 영화는 어빙의 피해자 조롱과 여성혐오 발언, 인종주의 성향을 그리고 있는데, 이와 같은 연출은 실제 법정에서의 어빙의 발언을 재현했다고 한다. 소송을 경험한 실제 주인공인 역사가 데보라 립스타트는 어빙이 여성혐오주의자이며, 일반적으로 부정론자들이 여성을 타깃으로 삼는 경향이 있다고 지적하였다.[8]

역사부정론과 인종주의, 여성혐오가 서로 어떻게 연동되는지 향후 많은 실증적 연구가 필요하다. 한일 역사부정론의 전개과정 또한 여성혐오 혹은 백래시와 중요한 상관관계를 읽을 수 있다. 2000년대에 일본의 역사부정론자들이 열정적으로 전개한 것은 반페미니즘운동이었다. 1999년 남녀공동참획사회기본법을 비롯한 여성 관련 법제화가 진행되면서 각 지자체의 젠더 관련 조례나 시민강좌, 성교육에 대한 백래시가 전국 각지에서 갑자기 늘어났다. 그 외에도 남녀혼합명부 폐지, 부부별성제 반대, 여성천황 반대 등 기존 젠더질서의 변화에 대한 백래시가 급속히 진행되었다.[9]

이와 같은 백래시와 역사부정론을 연결했던 고리가 바로 일본군 '위안부' 부정론이었다. '위안부' 문제는 역사부정의 대표세력인 새역모, 재특회, 일본회의 모두에게 중요한 이슈였으며 이들은 '위안부' 부정을 통해 자신들의 정치적 신념을 키워왔다고 해도 과언이 아니다. 새역모 멤버들은 교과서에서 '위안부' 서술을 지우는 운동을 벌이는 한편 보수 언론을 주요 무대로 백래시의 주역으로도 활약했다. 그들은 '모성의 복권'을 내걸고 여성들의 자율적 영역을 부정하는 한편에서 '위안부'를 매춘부로 불러 피해자들과 성판매 여성을 동시에 모욕하는 담론을 반복적으로 재생산해왔다.

근년 특징적인 것은 '위안부' 부정론과 백래시 운동을 여성정치인과 활동가들이 적극적으로 담당하고 있다는 점이다. 영화 〈주

전장〉을 통해 한국에서도 얼굴을 알린 뉴스 캐스터 사쿠라이 요시코櫻井よしこ, 자민당의 극우정치인 스기타 미오杉田水脈, '위안부' 부정운동을 펼치는 '나데시코 액션'의 야마모토 유미코山本優美子 등이 대표적인데, 이들은 역사를 부정할 때 여성을 내세운다. 성노예sex slave라는 말이 세계적으로 퍼져간 것을 심각하게 우려한 그들은 재미·재유럽 일본인들과 함께 유엔 로비 활동이나 소녀상 철거운동 등을 펼쳤다. 스기타는 "남자들이 만든 '위안부' 문제에 여성들이 나선다", "속죄하는 척하는 리버럴 남자들의 기만성을 폭로하고 참된 여성들이 진실을 알리겠다"는 왜곡된 여성주의를 활용한다. 그는 재특회와 같은 노골적인 혐한 발언이나 폭력시위를 하지는 않지만, 일본의 가해 역사를 부정하고 남녀평등을 '반도덕의 망상'이라 말한다. 천황제와 헌법 개정, 가족주의를 주장하면서 미투운동을 마녀사냥으로 부르고 재일조선인, 오키나와, LGBT, 난민 등 모든 역사·인권·복지 문제를 부정한다는 점에서 '넷우익의 아이콘'[10]이자 백래시의 표본이 되었다.

여성을 말하면서 여성혐오를 드러내는 것은 《반일 종족주의》도 마찬가지다. 이영훈은 가부장에 의한 여성의 성 약취를 문제삼고, 박근혜·최순실을 몰아세운 한국인들의 여성 비하 성향을 문제삼지만, 그는 모든 갈등의 원인과 책임을 '반일 종족주의자'들에게 돌리기 위해 여성을 알리바이처럼 활용한다. 결정적으로 '위안부' 문제를 "종족주의의 아성"으로 보는 그는 '위안부' 피해 당사자들의 목소리를 왜곡하고, 피해자들과 가장 가까운 곳에서 국가

탈진실의 시대,
역사부정을
묻는다

의 책임과 여성의 억압을 규명해온 정대협을 비롯한 활동가와 연구자들을 공격한다. 그는 요시미 요시아키吉見義明와 송연옥의 연구에 대해 부분적으로 반론을 제기했을 뿐 그 외 특히 한국 내 '위안부' 관련 연구에 대해 언급도 참고도 하지 않았다. 또 그의 평가가 공창제 연구나 한국군 '위안부' 연구자들의 공헌을 무시한 것임은 강성현이 본문에서 세세히 밝힌 대로다. '위안부' 연구자와 활동가들을 "무지와 편견에 사로잡힌 선동가"로 왜곡하는 이영훈의 문장에서는 자료 조사와 증언, 그리고 피해자 지원 활동을 어렵게 횡단하면서 '위안부' 문제를 세계적 이슈로 만들어온 사람들과 그 과정에 대한 어떤 존중도 찾을 수가 없다. 그들이 대부분 여성이라는 것은 우연이 아니다.

이영훈은 '위안부' 관련 연구와 자료를 읽는 과정에서 점점 성노예설에서 멀어져갔다고 주장한다. 이 점에 의구심을 품을 수밖에 없다. 《반일 종족주의》 전체가 성노예설 부정을 위해 논리와 자료가 배치되고 있기 때문이다. 강성현은 제3부에서 이영훈이 연합군 포로 심문 자료를 어떻게 선별적으로 활용했는지, 강성현은 교차적이고 구조적인 역사 연구 방법론을 통해 보여준다. 또한 이영훈이 '위안부' 피해자 문옥주의 이야기를 어떻게 자신의 주장을 위해 찬탈했는지, 증언의 다층성과 증언-기록의 공동성과 관계성을 상상하면서 맥락적으로 읽어간다.

문옥주의 증언은 "끔찍한 경험과 빛나는 장면, 자기 가족을 먹여 살린 장면이 한데 맞물리면서 동거하고 있다." 증언은 이와 같은 개별 경험들에 대한 자기해석의 과정이자 또 듣는 사람과의 상호작용을 통해 경험을 구조화하고 자신의 역사를 회복하는 과정이다. 전시 성폭력의 피해 여성들에게 이것이 얼마나 아픔을 수반하는 과정인지 상상을 초월하는 일이다.

그런데 이영훈은 증언으로 도달한 피해자들의 결단을 선동가들에 의한 것으로 왜곡하고, 증언으로 인해 '위안부' 피해자들의 "고달프지만 보람찬 인생이 사라졌다"고까지 말한다. 과거를 숨기는 것이 "진솔한 보통 사람들의 정서"라고 말하는, 그 속념俗念에 대한 관대함은 무엇인가? 또 다른 저자 주익종에 이르러서는 "위안부는 단지 불행하고 불쌍한 여성"이라 하고 1990년대에 들어 겨우 입을 열 수 있었던 가해-피해 당사자들의 결단을 "사기극"과 "가짜 기억"으로 치부한다. 그는 인간과 역사에 대한 피상적인 인식과 태도를 당당히 지면에 드러낸다. 평이한 문장으로 대중들의 부정의 정동과 결탁하면서 이를 재조직해가는 그들의 글쓰기는 그야말로 반지성주의적이다.

그들은 탈냉전기 국제관계의 변화와 그 속에서 과거사를 둘러싼 기억과 증언이 세계적으로 관심을 모은 상황을 이해하지 못하고 있다. 피해자들이 "이중 삼중의 억압을 뚫고 운동을 통해 어떻게 스스로 주체가 되었는지" 그 획기적 성격을 전혀 이해하지 못한다. 식민지 근대화론자든 반공주의자든 개인의 사상적 신념을 떠나서 그는 냉전시대 억압되었던 피해자와 소수자의 목소리를 정녕 들어본 적이 없을뿐더러 세계사적인 시대 상황의 변화를

탈진실의 시대,
역사부정을
묻는다

"객관적으로" 보지도 못한다. 무엇보다 운동과 증언 때문에 피해자들이 불행해졌다고 보는 그들의 시각에는 피해자들을 끝까지 무력화하고 비주체화하는 근본적인 여성혐오가 깔려있다.

말할 것도 없이, '위안부' 문제가 한일관계나 동아시아를 떠나 국제적으로 확산된 배경에는 페미니즘의 고조와 피해자를 구제하는 인권의식의 확산이 밀접하게 연관되어 있다. 미투운동이 한국에서 유난히 고조된 것도 '위안부' 문제가 도달한 피해자들의 말하기speak out와 듣기의 상호작용이 축적된 결과이기도 하다. 이와 같은 수준과 전혀 무관한 곳에서 자신들의 주장을 펼치기 위해 '위안부' 문제를 동원하는 논의에 대해 다각도에서 검토가 필요하다. 일본의 우파와 마찬가지로 이영훈을 비롯한《반일 종족주의》의 저자들에게도 '위안부' 문제가 늘 부정론의 핵심을 차지해왔다는 점은 여성혐오의 관점에서 되새길 필요가 있다.

자기부정으로서의 한국의 역사부정론

마지막으로 이 책을 통해 우리는 한국의 역사부정론이 갖는 특유의 기만적 성격을 다시 생각해볼 수 있다. 이 책이 지적한 대로 현재 한국과 일본의 우파가 공통으로 혐오를 드러내는 대상은 한마디로 '반일'이다. '반일'의 잣대는 이미 일본에서는 역사·인권 문제를 말하는 이들에게 무한 적용되면서 대항적 담론을 빈곤한 정치적 상상력 속에 가둬 놓았다. 그들에게 '반일'이라는 낙인은 식민-냉전적, 신자유주의적 질서를 위협하는 외부에 대한 공격이자 허구적인 국민 일체성을 위한 과잉방어의 표현, 말하자면 부적과 같은 주술적 언어로서의 효과를 갖고 있다.

그런데 이제 한국인들이 '반일'을 공격하고 부정한다. 한국인들이 '반한'이 아닌 '반일'을 공격할 때 과연 그들은 어디에 위치하고 있는가. 《반일 종족주의》는 "거짓말로 쌓아 올린 샤머니즘적 세계관"을 한국인의 "정신문화"로 여기고 '위안부' 문제의 책임을 대일본제국과 일본군이 아닌 전적으로 "기생의 성을 약취한 양반 나부랭이의 반일 감정"에 돌린다. 이것이 과연 자기성찰인가? 한국의 역사부정론은 자기성찰이 아니라 한마디로 자기부정과 자기혐오를 바탕으로 하고 있다. 아무리 역사부정론이 세계적 현상이라 해도 식민과 전쟁의 가해자가 아닌 피해자 측이 말하는 역사부정론은 기괴하고 기만적이다. 그들의 비난의 화살은 철저하게 외부가 아닌 내부를 향해 있다.

그 점에서 한국 뉴라이트들의 비난의 프레임이 '종북'에서 '반일'로 이행한 것은 참으로 흥미롭다. '빨갱이', '친북', '종북'이라는 낙인이 그랬던 것처럼 한국의 우파들은 역사적으로 내부의 적에 대한 공격과 배제를 사상이 부재한 자신들의 정치적 동력으로 삼아왔다. 그런데 시대 변화에 따라 '종북' 프레임의 효력이 떨어지자 근원적으로 한국의 정체성을 부정하고 혐오하는 방향으로 나아갔다. 이러한 비판이 '종족주의'라면, 일본이라는 외부를 방어하고 내부를 향해 분노를 분출시키는 그들의 뒤틀린 주체는 과연 식민적 주체의 완성 형태인가.

이 책에서 강성현은 "부정과 혐오는 '표현'의 문제가 아니라 '발화發話'의 문제"라고 말한다. 그리고 역사부정론에 대해 단지 그것이 페이크임을 말하는 것보다는 "거짓을 발화하는 위치를 드러내고 그 거짓 목소리를 상대화하는 방향으로 논쟁을 시작하는 것"이 중요하다고 한다. 나도 이 점에 찬성한다. 상대방을 거짓말쟁이로 몰아세우는 것만으로는 소모적인 진실게임이 전개될 뿐이다. 또 '친일파'나 '매국노'라는 낙인찍기와 프레임 씌우기에 흡족해하는 수준에서도 벗어나야 한다. 역사를 부정하는 발화의 위치를 적극 드러내고 그 주장이 무엇을 부정하고 어떤 효과를 발휘하는가를 검토하는 것이 필요하다. 이 책은 부정론의 효과가 역사를 부정하는 것에 그치지 않는다는 것을 말해주고 있다. 팩트에 대한 냉소, 여성혐오, 피해자 모욕과 인간 존엄의 경시와 연결되고 있다. 동시에 이 책은 우리가 여전히 역사적 사실을 추구하고 듣기를 통해 피해자들의 말하기에 힘을 실어줘야 함을 알려주고 있다. 탈진실과 부정의 시대에 역사를 사유하는 데 이 책이 길잡이가 되어줄 것임을 의심하지 않는다.

주석

프롤로그

1 미치코 가쿠타니, 김영선 옮김, 《진실 따위는 중요하지 않다─거짓과 혐오는 어떻게 일상이 되었나》, 돌베개, 2019, 11쪽.

2 김누리, 〈[세상읽기] 거짓의 시대〉, 《한겨레》 2017. 2. 26.

3 미치코 가쿠타니, 앞의 책, 10, 16, 41~51쪽.

4 앞의 책, 197, 200쪽.

5 진중권, 〈진중권의 트루스 오디세이─대중의 꿈을 '사실'로 만든 허구, 사실보다 큰 영향력: 〈1〉 '대안적 사실'에 관하여〉, 《한국일보》 2020. 1. 16.

6 이진일, 〈독일 역사수정주의의 전개와 '희생자─가해자'의 전도〉, 《한일 뉴라이트의 역사 부정을 검증한다》, (2019. 12. 13), 32쪽.

7 임지현, 〈[기억전쟁, 미래가 된 과거](1) '기억을 학살하라'…그들이 비극의 역사를 부정하는 법〉, 《경향신문》 2020. 1. 7.

8 김용삼, 〈이영훈 교수의 《반일 종족주의》 독자 여러분에게 드리는 말씀〉, 《펜앤드마이크》 2019. 8. 16.

1부 '반일 종족주의'란 무엇인가

[1] 1부 글은 강성현, 〈한국 역사수정주의의 현실과 논리〉,《황해문화》105호(겨울호)를 수정·보완해 구성했다.

[2] 유튜브 이승만TV 채널 정보 및 관련 동영상 참조(2019. 9. 28. 1차 검색, 11. 26 2차 검색).

[3] 김지훈, 〈일본 극우 대변 '반일 종족주의'… 부끄러운 일본 역진출〉,《한겨레》2019. 8. 25.

[4] 김남중, 〈'우파 독자들' 부상하나… 서점가에 보수 우파 도서 바람〉,《국민일보》2019. 8. 13.

[5] 유선의, 〈류석춘 '위안부 망언'의 뿌리… '반일 종족주의'의 역습〉, JTBC 2019. 9. 25.

[6] 야마구치 도모미 외,《바다를 건너간 위안부: 우파의 '역사전'을 묻는다》, 2017, 211~213쪽.

[7] 하종문, 〈넷우익을 통해 본 일본 우경화의 정치 동학〉,《일본비평》vol.18, 2018. 2. 259~262쪽.

[8] 하종문, 〈반일민족주의와 뉴라이트〉,《역사비평》통권 78호, 역사비평사, 2007, 184쪽.

[9] 앞의 글, 185쪽.

[10] 신지호, 〈[수요프리즘] 집권세력 '자학사관' 문제 있다〉,《동아일보》2004. 9. 15.

[11] 일본회의는 1997년에 갑자기 생겨난 조직이 아니다. 1974년 5월에 설립된 '일본을 지키는 모임'과 1981년에 만들어진 '일본을 지키는 국민회의'가 1997년에 통합되면서 일본회의가 결성된 것이다. 다시 말해 일본회의에는 신사 세력 및 신흥종교단체, 우파 성향의 학자·문화인·경제인 등이 폭넓게 참여하고 있다.

[12] 야마구치 도모미 외, 앞의 책, 16~18, 159~161쪽.

[13] 이신철, 〈'새역모'와 '교과서포럼'이 꿈꾸는 세상〉,《황해문화》통권 54호, 2007, 289쪽.

[14] 하종문, 앞의 글, 2007, 185, 195쪽.

¹⁵ 앞의 글, 187쪽.

¹⁶ 윤진, 〈한승조 교수 일본 덕에 공산화 안 돼〉, 《한겨레》 2005. 3. 4.

¹⁷ 〈한승조 교수 "일 기고문 물의 사과"… 고대 명예교수직 사임〉, 《동아일보》 2005. 3. 7.

¹⁸ 〈[사설] 일제 지배가 '축복'이라는 비틀린 역사관〉, 《조선일보》 2005. 3. 7.

¹⁹ 〈[사설] 제자가 스승을 고발하는 대학의 친일 청산〉, 《조선일보》 2005. 3. 29.

²⁰ 교과서포럼이 펴낸 《대안교과서 한국 근현대사》는 2008년 출간되었다.

²¹ 하종문, 앞의 글, 2007, 190쪽.

²² 이준식, 〈한국 역사교과서인가, 아니면 일본 역사교과서인가—일제강점기 서술〉, 《역사비평》 105호, 2013, 71쪽.

²³ 앞의 글, 73~74쪽.

²⁴ 홍찬식, 〈교학사 교과서에 가하는 몰매, 정당한가〉, 《동아일보》 2013. 9. 11.

²⁵ 김육훈, 〈박근혜 정부의 역사교육정책과 역사교과서 국정화〉, 《교육비평》 37호, 2016, 51~52쪽.

²⁶ 김육훈, 〈누가 교학사 한국 교과서를 지지하나〉, 역사교육연구소, 《역사와 교육》 10호, 2014, 156쪽.

²⁷ 앞의 글, 157~160쪽.

²⁸ 이준식, 앞의 글, 2013, 63~64쪽.

²⁹ 야마구치 도모미 외, 앞의 책, 2017, 43~44쪽.

³⁰ 앞의 책, 177~178쪽.

³¹ 앞의 책, 44–47쪽.

³² 앞의 책, 49~50쪽.

³³ 남상구, 〈일본 교과서 문제의 역사적 경위와 실태〉, 《한일관계사연구》 54호, 2016, 372쪽.

³⁴ 앞의 글, 373쪽; 서종진, 〈일본 보수세력의 교육개혁과 교과서 공격〉, 《동북아역사논총》 53호, 2016, 257쪽.

³⁵ 장제우, 〈한국인은 거짓말쟁이? 반일종족주의의 '경악' 프롤로그〉, 《오마이뉴스》 2019. 9. 2.

36 야마구치 도모미, 앞의 책, 2017, 25쪽

37 후지이 다케시, 〈역사교과서 국정화, 과연 역행인가〉, 《진보평론》 66호, 2015, 158쪽.

38 김한종, 〈지유샤 역사교과서의 교수·학습적 성격〉, 《역사교육연구》 10호, 2009, 162~163쪽; 강화정, 〈논쟁적 역사수업의 구성 원리와 실천 방안 탐색〉, 《역사와 교육》 14호, 2016, 142쪽.

39 야마구치 도모미, 앞의 책, 24~26쪽.

40 최우석, 〈3·1운동과 조선총독부의 국제언론 대응〉, 《광복 74주년 및 개관 32주년 기념 국제학술심포지엄─국제사회는 3·1운동을 어떻게 보았는가》, 2019, 153쪽.

2부 《반일 종족주의》 주장을 비판한다

1 김용삼, 〈이영훈 교수의 《반일 종족주의》 독자 여러분에게 드리는 말씀〉, 《펜앤드마이크》 2019. 8. 16.

2 앞의 글.

3 秦郁彦, 《慰安婦と戦場の性》, 東京: 新潮選書, 1999, 第7章.

4 나가이 카즈, 〈파탄되면서도 여전히 남아 있는 '일본군 무실론'〉, 김부자 외 편, 《'위안부' 문제와 미래에 대한 책임》, 민속원, 2018, 122~123쪽.

5 요시미 요시아키, 《일본군 '위안부' 그 역사의 진실》, 역사공간, 2013, 26~29쪽

6 육군성, 〈군위안소 종업부 등 모집에 관한 건(육지밀 제745호, 1938. 3. 4.)〉; 강성현, 〈진실 없는 화해론, 《제국의 위안부》를 비판하다〉, 송연옥·김귀옥 외, 《식민주의, 전쟁, 군 '위안부'》, 선인, 2017, 321~322쪽.

7 이를 입증하는 일본군과 조선총독부 사이의 암호문이 있다. "S-11414"(1945. 6. 15.) & "S-14807(1945. 8. 17.)", US NARA RG 457, Entry A1 9032 Box 900~901.

8 "악덕 소개업자가 발호 농촌 부녀자를 유괴 피해 여성이 백 명을 돌파한다, 부산형사 봉천에 급행", 《동아일보》 1939. 8. 31.

9 요시미 요시아키, 앞의 책, 2013, 61~63쪽.

[10] 앞의 책, 12~13쪽.

[11] 정영환, 《누구를 위한 '화해'인가: 《제국의 위안부》의 반역사성》, 푸른역사, 2016, 48쪽.

[12] 이타가키 류타, 김부자 엮음, 《'위안부' 문제와 식민지 지배 책임》, 삶창, 2016, 17쪽.

[13] 박정애, 〈일본군 '위안부' 문제의 강제 동원과 성노예: 공창제 정쟁과 역사적 상상력의 빈곤〉, 《페미니즘 연구》 제19권 2호, 2019, 63~64쪽.

[14] '자유 폐업'은 계약 기간이나 선금이 남아 있어도 창기가 폐업을 할 수 있는 것을 의미한다.

[15] 요시미 요시아키, 앞의 책, 76~77쪽.

[16] 이타가키 류타, 김부자 엮음, 앞의 책, 23쪽.

[17] 요시미 요시아키, 앞의 책, 76쪽.

[18] 안병직 번역·해제, 《일본군 위안소 관리인의 일기》, 이숲, 2013, 39쪽.

[19] 모리카와 마치코, 김정성 옮김, 《버마전선 일본군 '위안부' 문옥주》, 아름다운 사람들, 2005, 121쪽.

[20] 앞의 책, 126~128쪽.

[21] 안병직 번역·해제, 앞의 책, 2013, 40쪽.

[22] 이타가키 류타, 김부자 엮음, 앞의 책, 2016, 64쪽.

[23] 하타 이쿠히코, 앞의 책, 1999, 366~376쪽.

[24] 이타가키 류타, 김부자 엮음, 앞의 책, 2015, 28~29쪽.

[25] 정영환, 앞의 책, 2016, 77쪽.

[26] 정영환은 하타와 달리 〈국민징용의 해설〉을 수록하고 있는 자료집을 확인해 분석하고 있다. 정영환, 앞의 책, 77, 252쪽 재인용.

[27] 앞의 책, 78쪽.

[28] 《서울신문》 1946. 5. 12(박정애 재인용, 2019: 56); 《중앙신문》 1946. 7. 18(이타가키 류타, 김부자 엮음, 2016: 33).

[29] 박정애, 앞의 글, 2019, 56~57쪽.

3부 자료와 증언, 왜곡하거나 찬탈하지 않고 맥락을 보다

[1] 정진성 편, 《일본군 '위안부' 관계 미국 자료 II》, 선인, 2018.

[2] 국사편찬위원회, 〈해제─동남아시아 전구와 위안부 자료〉, 《동남아시아번역심문센터(SEATIC) 문서》, 2018, 15쪽.

[3] 정진성 편, 《일본군 '위안부' 관계 미국 자료 II》, 선인, 515쪽.

[4] 앞의 책, 516쪽.

[5] カール·ヨネダ, 1989, 《アメリカ一情報兵の日記》, PMC, 109~110쪽.

[6] 정진성 편, 《일본군 '위안부' 관계 미국 자료 I》, 선인, 2018, 456쪽.

[7] 안병직 편, 앞의 책, 168쪽.

[8] 정진성 편, 《일본군 '위안부' 관계 미국 자료 II》, 선인, 517쪽.

[9] 앞의 책, 517쪽.

[10] 앞의 책, 116쪽.

[11] 국사편찬위원회, 《일본군 '위안부' 전쟁범죄 자료집 Ⅴ─동남아시아번역심문센터(SEATIC) 문서》, 2018, 34쪽.

[12] 정진성 편, 《일본군 '위안부' 관계 미국 자료 II》, 선인, 518쪽.

[13] 앞의 책, 515쪽.

[14] 모리카와 마치코, 김정성 옮김, 정신대할머니와 함께하는 시민모임 펴냄, 《버마전선 일보군 '위안부' 문옥주》, 아름다운사람들, 177쪽.

[15] 앞의 책, 182~183쪽.

[16] 앞의 책, 181쪽.

[17] 앞의 책, 177~178쪽.

[18] 앞의 책, 184~185쪽.

[19] 앞의 책, 185~186쪽.

[20] 앞의 책, 181쪽.

[21] 앞의 책, 186~187쪽.

[22] 앞의 책, 187쪽.

[23] 서울대 인권센터 정진성 연구팀, 《끌려가다, 버려지다, 우리 앞에 서다: 사진과

자료로 보는 일본군 '위안부' 피해여성 이야기 1》, 푸른역사, 2018, 105쪽.

[24] 이 글은 서울대 인권센터 정진성 연구팀, 《끌려가다, 버려지다, 우리 앞에 서다: 사진과 자료로 보는 일본군 '위안부' 피해여성 이야기 2》, 푸른역사, 2018에 수록된 〈버마 미치나의 조선인 '위안부' 이야기〉와 "The US Army Photography and the 'Seen Side' and 'Blind Side' of the Japanese Military Comfort Women: The Still Pictures and Motion Pictures of the Korean Comfort Girls in Myitkyina, Sungshan, and Tengchung", Korea Journal vol.59 no.2(2019)를 참조해 구성했다.

[25] 강성현·정근식, 2014, 270쪽.

[26] Chan, Won-Roy, Burma: The untold story, PRESIDIO, 1986.

[27] 정진성 편, 《일본군 '위안부' 관계 미국 자료 II》, 선인, 154쪽.

[28] Chan, Won-Loy, 1986, op cit, 95쪽.

[29] カール・ヨネダ, 《アメリカ一情報兵の日記》, PMC, 1989, 109~110쪽.

[30] 서울시·서울대 정진성 교수 연구팀, 《전시회 도록 기록 기억: 일본군 '위안부' 이야기, 다 듣지 못한 말들》, 2019, 84쪽.

[31] 이 글은 강성현, 〈전리품으로 남은 만삭의 위안부〉, 《한겨레 21》, 1195호(2018. 1. 15)를 수정 보완해 구성했다.

[32] 종군위안부 및 태평양전쟁 피해자 보상대책위원회, 〈박영심 증언〉, 《짓밟힌 인생의 웨침》, 1995, 80쪽.

[33] 서울대 인권센터 정진성 연구팀, 《끌려가다, 버려지다, 우리 앞에 서다 1》, 2018, 94쪽.

[34] 서울시·서울대 정진성 교수 연구팀, 앞의 책, 2019, 140쪽.

[35] 종군위안부 및 태평양전쟁 피해자 보상대책위원회, 〈윤경애 증언〉, 《짓밟힌 인생의 웨침》, 1995, 9~10쪽.

[36] 앞의 책, 80~81쪽.

[37] 西野留美子, 《日本軍'慰安婦'を追って一元'慰安婦' 元軍人の証言録》, マスコミ情報センター, 1995, 136쪽.

[38] 정진성 편, 《일본군 '위안부' 관계 미국 자료 III》, 선인, 2018, 72~74쪽.

[39] 박유하, 《제국의 위안부: 식민지 지배와 기억의 투쟁》, 뿌리와이파리, 2013,

101~102쪽.

40 《미디어워치》 이우희 기자가 쓴 기사에도 소개되어 있다. 이우희, 〈일 유칸후 지, 한국 반일 좌파가 공개한 '위안부 학살 영상' 반박 칼럼 게재〉, 《미디어워 치》 2018. 3. 16.

41 신규양, 〈국내외 역사전문가들, "위안부 학살은 신빙성 낮다"〉, 《미디어워치》 2018. 3. 30.

42 앞의 기사.

43 본 발표는 〈서울대 인권센터 자료 수집 성과 및 과제〉였다.

44 방선주, 〈일본군 '위안부'의 귀환: 중간보고〉, 한국정신대문제대책협의회 진상 조사연구위원회 엮음, 《일본군 '위안부' 문제의 진상》, 역사비평사, 1997.

45 방선주, 〈미군 자료에 나타난 한인 '종군위안부'의 고찰〉, 《국사관논총》 37집, 1992.

46 이 글은 *Korea Journal* vol.59 no.2(2019)에 최종 게재되었다.

47 정진성 편, 《일본군 '위안부' 관계 미국 자료 III》, 선인, 2018, 228쪽.

48 한국정신대연구소, 《정신대연구소 소식》 제28호, 2000. 11, 3쪽.

49 이 글은 강성현, 〈일본군 위안부, 유엔군 위안부, 한국군 위안부〉, 《한겨레 21》, 1255호(2019. 4. 1)를 수정 보완해 구성했다.

50 가와다 후미코, 오근영 옮김, 《빨간 기와집: 일본군 위안부가 된 한국 여성 이야 기》, 꿈교출판사, 2014.

51 이임하, 〈한국전쟁과 여성성의 동원〉, 김득중·강성현·이임하·김학재·연정은· 후지이 다케시, 《죽엄으로써 나라를 지키자: 1950년대 반공·동원·감시의 시 대》, 선인, 2007, 180~181쪽.

52 앞의 책, 182~186쪽.

53 김상도, 〈6.25 무렵 모윤숙의 미인계 조직 '낙랑클럽'에 대한 미군방첩대 수사 보고서〉, 《월간중앙》, 1995년 2월호, 215~217쪽. 앞의 책, 185쪽 재인용.

54 앞의 책, 186~188쪽.

55 박정미, 〈한국전쟁기 성매매 정책에 관한 연구― '위안소'와 '위안부'를 중심으 로〉, 한국여성학회, 《한국여성학》 27(2), 2011.

56 허재현, 「[토요판] 인신매매 당한 뒤 매일 밤 울면서 미군을 받았다,」《한겨레》 2014. 7. 5.

57 《경향신문》 1952. 2. 23.

58 박정미, 〈한국 성매매정책에 관한 연구: '묵인—관리체제'의 변동과 성판매 여성의 역사적 구성, 1945~2005〉, 서울대학교 박사학위논문, 2011, 80~81쪽.

59 앞의 글, 118~119쪽.

60 앞의 글, 149쪽.

61 앞의 글, 175쪽.

62 홍용덕, "명칭부터 반발 부닥친 '미군 위안부 조례'",《한겨레》 2018. 8. 3.

에필로그

1 이진일, 〈독일 역사수정주의의 전개와 '희생자—가해자'의 전도〉,《한일 뉴라이트의 역사 부정을 검증한다》(2019. 12. 13), 32쪽.

2 조경희, 〈일본의 역사수정주의·국가주의·백래시의 연동〉,《황해문화》 105호, 2019, 114~115쪽.

3 앞의 글, 118쪽.

4 홍성수, 〈한국의 역사 부정죄 논의와 역사 부정죄 법안에 대한 비판적 검토〉,《한일 뉴라이트의 역사 부정을 검증한다》(2019. 12. 13), 200쪽.

5 이재승, 〈'헤이트 스피치'를 받지 않을 권리—일본 헤이트 스피치 문제 현황의 토론문〉,《한일 뉴라이트의 역사 부정을 검증한다》(2019. 12. 13), 192쪽.

6 앞의 글, 193쪽.

7 마에다 아키라, 〈'헤이트 스피치'를 받지 않을 권리—일본 헤이트 스피치 문제 현황〉,《한일 뉴라이트의 역사 부정을 검증한다》(2019. 12. 13), 150~170쪽.

8 홍성수, 앞의 글, 2019, 202~209쪽.

보론: 부정의 시대에 어떻게 역사를 듣는가(조경희)

1 《週刊文春》 2019.12.19.

2 bungeishunju.com/n/hdaf8pd7ef735

3 https://www.nhk.or.jp/kokusaihoudou/bs22/special/2019/12/1216_interview.html

4 https://twitter.com/Yamashita12S/status/1217823575815548928

5 조경희, 〈일본의 역사수정주의·국가주의·백래시의 연동〉, 《황해문화》 105호, 2019, 참조.

6 安田浩一·倉橋耕平, 《歪む社会: 歴史修正主義の台頭と虚妄の愛国に抗う》, 論創社, 2019, 60쪽.

7 90년대 역사부정과 서브컬처의 관계에 대해서는 倉橋耕平, 《歴史修正主義とサブ·カルチャー: 90年代保守言説のメディア文化》, 青弓社, 2018, 참조.

8 《GLOBE+》 2017.12.7. https://globe.asahi.com/article/11532409

9 야마구치 도모미 외, 임명수 역, 《바다를 건너간 위안부 : 우파의 '역사전'을 묻는다》, 어문학사, 2017. 조경희, 〈일본의 #MeToo 운동과 포스트페미니즘〉, 《여성문학연구》 47, 2019, 참조.

10 山口智美, 〈ネット右翼とフェミニズム〉, 樋口直人 외 저, 《ネット右翼とは何か》, 青弓社, 2019.

찾아보기

탈진실의 시대, 역사부정을 묻는다

2020년 2월 29일 1판 1쇄 발행
2020년 5월 28일 1판 2쇄 발행
지은이   강성현
펴낸이   박혜숙
디자인   이보용
펴낸곳   도서출판 푸른역사
              우) 03044 서울시 종로구 자하문로8길 13
              전화: 02)720−8921(편집부) 02)720−8920(영업부)
              팩스: 02)720−9887
              전자우편: 2013history@naver.com
              등록: 1997년 2월 14일 제13−483호

ISBN   979−11−5612−161−9   93900

· 잘못 만들어진 책은 교환해드립니다.